AF451393

PRINCIPES DE PLAIN-CHANT.

EXPOSÉ SUCCINCT

DES PRINCIPES

DU

PLAIN-CHANT.

PAR UN DIRECTEUR
DU GRAND SÉMINAIRE DE LUÇON.

Cantabiles mihi erant justificationes
tuæ in loco, peregrinationis meæ.
(Psalm. 118.)

NANTES,

IMPRIMERIE MERSON, RUE NOTRE-DAME, 3.

—

1844.

EXPOSÉ SUCCINCT

DES PRINCIPES

DU PLAIN-CHANT.

La connaissance insuffisante que l'on a trop généralement des vrais principes du Chant Ecclésiastique, est incontestablement une des causes principales qui s'opposent à sa bonne exécution. De nombreuses *Méthodes* ont bien été publiées sur cette matière ; mais, parmi ces ouvrages, plusieurs manquent de clarté et de brièveté ; presque tous d'exactitude et de précision : ils ne sauraient, par conséquent, procurer cette régularité parfaite, si désirable dans le chant des divins Offices dont elle fait la beauté ; cet ensemble où rien ne blesse l'oreille, où tout élève l'âme, et par lequel il semble que le nom du Seigneur soit béni sur la terre comme dans les cieux (*).

(*) L'illustre de Quelen, archevêque de Paris, disait un jour, en sortant du séminaire Saint-Sulpice, où l'on venait d'exécuter, en plain-chant pur et sans accompagnement, les Litanies de la sainte Vierge : Je me croyais au ciel pendant le chant de ces litanies !

Si donc nous atteignons le but indiqué par notre titre, peut-être aurons-nous fait quelque chose d'utile pour la gloire de Dieu : c'est notre unique désir.

Rien, toutefois, n'est plus éloigné de notre pensée que de présenter cet exposé comme devant faire loi, ou même de lui attribuer une autorité quelconque ; il aura celle que pourront lui donner la justesse et l'exactitude plus ou moins grandes des notions et des observations qu'il renferme.

Cependant, on accordera peut-être quelque confiance à cet Opuscule, si l'on veut bien considérer que rien à peu près ne nous y appartient en propre. Nous aimons à reconnaître que presque tout y est d'emprunt, et que notre tâche s'est bornée à choisir et à rassembler les principes épars dans les meilleurs ouvrages sur le Chant Ecclésiastique. Ce n'est pas sans quelque peine que, ne les trouvant pas toujours d'accord sur les points en question, nous nous sommes vu dans la nécessité d'opter entre eux, et d'en contredire quelques-uns, même des plus recommandables.

Pour indiquer toujours nos sources et nos autorités, il aurait fallu citer sans cesse quelqu'un des ouvrages suivants :

Traité historique et pratique sur le Chant Ecclésiastique, par *l'abbé Lebeuf*. Paris, 1741. Cet auteur, d'une érudition vraiment remarquable, avait eu part à la composition du chant parisien. Il mourut en 1760.

Méthode de Plain-Chant, par *de la Feillée*. réimprimée plusieurs fois. Poitiers, 1782.

Traité de Plain-Chant, par *M. l'abbé Darnaud*, archidiacre du diocèse de Luçon. Poitiers 1821

Méthode de Plain-Chant, à l'usage des Séminaires. Auxerre, 1820.

Le Plain-Chant enseigné d'après la méthode du Méloplaste, par *M. l'abbé Chaussier*, supérieur du petit Séminaire de Metz. Seconde édition. 1844.

Éléments de Plain-Chant, dans le Graduel de Nantes, imprimé en 1836. — Traité de Psalmodie, à l'usage du diocèse de Nantes, *Vespéral* de 1836.

Méthode élémentaire de Plain-Chant....., par *F.-J. Fétis*, maître de chapelle du roi des Belges. Paris, 1843.

De l'Harmonie dans ses rapports avec le culte religieux....., par *l'abbé Pierre*. Metz, 1838.

Conférences sur les cérémonies de la Semaine Sainte, a Rome, par *M.*gr *Wiseman*, évêque de Melipotamos. Paris, 1841.

De l'état et de l'avenir du Chant Ecclésiastique en France, par *F. Danjou*, organiste de la Métropole de Paris. 1844.

Notions élémentaires sur le Chant. Nantes. Merson, 1841.

De plus, outre les livres de chant de la liturgie parisienne, que nous avions principalement en vue, nous avons consulté ceux de Rome, de Vienne (France), de Clermont, de Rouen, de Poitiers, de Nantes, d'Auxerre, de Troyes, du Mans, de Chartres; l'Hymnaire de Noyon, le Graduel de l'ordre de Prémontré.

Nota. Les passages imprimés en petit texte, contiennent des développements moins essentiels et quelquefois plus difficiles. Ils ont été distingués de la sorte, afin que l'on pût les omettre plus facilement, si l'on ne voulait pas acquérir du Plain-Chant une connaissance aussi approfondie.

CHAPITRE Ier

DÉFINITION DU PLAIN-CHANT. — DES SONS.

1. On appelle Plain-Chant, *Planus Cantus*, c'est-à-dire chant plan, uni, simple, le chant toujours grave et souvent majestueux, employé par l'Église dans ses divins Offices.

Il paraît incontestable que le Plain-Chant n'est, au fond, que l'ancienne musique, non pas seulement telle qu'elle était au moyen-âge, mais telle à peu-près qu'elle fut autrefois chez les Grecs et chez les anciens Hébreux. Les noms grecs des divers tons, dont nous parlerons bientôt (11), viennent à l'appui de cette opinion.

2. Parmi les sons qui, par leur réunion, forment le chant, les uns sont plus *aigus*, plus *élevés*; les autres plus *graves*, plus *bas*.

On démontre, en physique, que cette différence entre les sons résulte de l'étendue et de la rapidité plus ou moins grandes des ondulations de l'air qui les produisent. Le *la* du diapason 26', est donné par une onde aérienne sonore d'un peu moins de deux pieds, 0 m. 656 millimètres, laquelle se répète environ 430 fois pendant la durée d'une seconde.

3. On appelle en général *Intervalle*, la distance qui sépare deux sons d'élévation différente. Si une voix juste, partant d'un son quelconque,

s'élève de la manière la plus simple et la plus naturelle, en parcourant des sons de plus en plus aigus, jusqu'à ce qu'elle en rencontre un semblable au premier duquel elle est partie, tellement que si l'on faisait entendre simultanément ces deux sons, ils s'accorderaient de la manière la plus parfaite et paraîtraient se confondre; cette voix aura chanté la *Gamme naturelle*, la *Gamme juste*, la *Gamme parfaite*.

4. Cette *Gamme naturelle* se trouvera composée de huit sons ou *notes*, comprenant sept intervalles, qui en forment les degrés. On désigne chacun de ces degrés, aussi bien que les intervalles qui les séparent du premier, par les noms de *Seconde*, *Tierce*, *Quarte*, *Quinte*, *Sixte*, *Septième* et *Octave*. Ce sera le huitième son, l'octave, qui se trouvera la reproduction fidèle du premier, dont il ne différera que par son *acuité*. Si la voix continue à s'élever naturellement et simplement jusqu'à sa limite supérieure, elle reproduira de la même manière les autres degrés de la gamme; elle retrouvera les mêmes sons, dans leur ordre rétrograde, c'est-à-dire de plus en plus graves, si, de sa limite supérieure, elle descend naturellement à sa limite inférieure.

5. Pour nommer et chanter les différents sons de la gamme, on employait, avant le onzième siècle, les sept premières lettres de l'alphabet latin: A B C D E F G. De là le mot gamme, le G ou *gamma* étant la dernière lettre de cette série.

Vers l'an 1028, un moine bénédictin, nommé Gui, d'Arezzo en Toscane, substitua aux lettres les syllabes *ut*, *ré*, *mi*, *fa*, *sol*, *la*, *si*, empruntées à la première strophe de l'hymne de St. Jean-Baptiste: *Ut queant laxis*.

Cette hymne a été conservée dans les Octavaires de Paris, de Luçon, etc., à la vigile de St. Jean-Baptiste. Gui choisit, pour désigner chaque son, la syllabe qui le présentait réellement dans l'air sur lequel on chantait alors cette hymne, ou simplement la première syllabe de chaque ligne, la strophe étant alors écrite comme il suit :

> *Ut* queant laxis
> *Re*sonare fibris
> *Mi*ra gestorum
> *Fa*muli tuorum;
> *Sol*ve polluti
> *La*bii reatum,
> Sancte Joannes.

Toutefois nous devons dire, pour plus d'exactitude, que Gui d'Arezzo n'admit que les six premières syllabes; il suppléait à la septième *Si*, d'une manière peu naturelle, qui a depuis été abandonnée.

Alors la correspondance des anciennes lettres et des nouvelles syllabes se trouva établie de cette sorte :

A. B. C. D. E. F. G.

la. si. ut. ré. mi. fa. sol.

On a conservé l'usage des lettres pour désigner les diverses terminaisons des Psaumes, etc., dans plusieurs chants modernes (71).

Depuis quelques années, la coutume de remplacer *ut* par *do* se répand en France : la voyelle *o* est, à la vérité, plus sonore et plus facile à prononcer que la voyelle *u* ; néanmoins nous aimons autant conserver l'ancien usage.

6. Les sept degrés de la *gamme naturelle* ne sont pas tous égaux : chacun des intervalles *ut-ré*, *ré-mi*, *fa-sol*, *sol-la*, *la-si* est, à peu près, le double des intervalles *mi-fa*, *si-ut*. L'intervalle du premier genre est ce que l'on appelle un *ton*, un *ton plein*, un *ton entier*, une *seconde majeure* : celui du second genre est un *demi-ton*, une *seconde mineure*.

Nous avons dit *à peu près*, parce que l'acoustique démontre que les intervalles *mi-fa* et *si-ut* égalent les 5/9, plus de la moitié par conséquent, des intervalles *ut-ré*, *ré-mi*, etc. Ces deux intervalles de la gamme naturelle, *mi-fa* et *si-ut*, ont reçu le nom de *demi-tons majeurs*, par lequel on les distingue du *demi-ton mineur*, moindre que les précédents de la neuvième partie d'un ton, puisqu'il n'égale que les 4/9 de l'intervalle *ut-ré*. Les notes affectées par le ✶ ou le ♮ (23), ne sont élevées ou abaissées par ces signes que d'un demi-ton mineur; lequel, au reste, dans la pratique, se confond avec le demi-ton majeur.

Les calculs de l'acoustique conduisent encore à distinguer, parmi les cinq intervalles de la gamme naturelle appelés *tons*, trois *tons majeurs*, *ut-ré*, *fa-sol*, *la-si*; et deux *tons mineurs*, *ré-mi*, *sol-la* : ces derniers sont moindres que les premiers de 1/90, différence absolument insensible dans la pratique.

7. Nous avons vu (4) que l'on appelait *seconde*, *tierce*, *quarte*, etc., la seconde, la troisième, la quatrième.... note de la gamme naturelle, et l'intervalle qui sépare cette note de la première. Ces noms seconde, tierce.... septième, octave, neuvième, etc., se donnent également à toute suite de deux, trois... sept, huit, neuf notes, prises dans une gamme quelconque (9), et aussi à l'intervalle qui sépare la première de la dernière de ces notes.

On peut remarquer que la gamme naturelle est composée de deux *quartes* semblables, dont la seconde, *sol*, *la*, *si*, *ut*, est superposée à la première *ut*, *ré*, *mi*, *fa*, en laissant entre deux un intervalle d'un ton : c'est ce que les anciens appelaient les deux *Tétracordes* de la gamme (τέτταρα quatre, χορδή corde).

8. Comme la seconde (6), chacun de ces intervalles peut être *majeur* ou *mineur*, l'octave seule exceptée, selon qu'il renfermera plus ou moins de tons entiers.

La *tierce majeure* renferme deux tons, comme

ut-mi, *fa-la*. La *tierce mineure* n'a qu'un ton et demi, comme *ré-fa*, *la-ut*. On dit qu'elle est *directe*, quand le ton est avant le demi-ton, comme dans *ré-fa*; *inverse*, quand le demi-ton se trouve le premier; par exemple, *mi-sol*, *si-ré*.

La *quarte majeure*, appelée quelquefois *triton*, renferme trois tons pleins, comme *fa-si*; l'extrême dureté de cet intervalle, lorsqu'il n'est pas rempli par les notes intermédiaires, fait qu'il est inusité. La *quarte mineure*, ou *quarte juste*, se compose de deux tons et d'un demi-ton : *ut-fa*, *sol-ut*.

La *quinte majeure* a trois tons pleins et un demi-ton : *ut-sol*, *fa-ut*. La *quinte mineure* a deux tons et deux demi-tons, comme *si-fa* (en montant.)

La *sixte majeure* a quatre tons et un demi-ton; par exemple, *ut-la*. La *sixte mineure* a trois tons et deux demi-tons : *mi-ut*. Tels sont les intervalles, à peu près les seuls usités dans le Plain-Chant.

9. Tous les intervalles dont nous venons de parler sont pris dans la gamme naturelle (4) *ut*, *ré*, *mi*, *fa*, *sol*, *la*, *si*, *ut*; laquelle a pour base et pour point de départ la note *ut*. Chacune des autres notes dont elle se compose peut également devenir la base et le fondement d'une gamme nouvelle. Ainsi, prenant le *ré* pour note fondamentale, on aura la gamme *ré*, *mi*, *fa*, *sol*, *la*, *si*, *ut*, *ré* : ce sera la *gamme de ré* ou *en ré*. Il en sera de même pour les notes suivantes, qui nous donneront chacune *leur gamme*.

10. On voit, au premier coup d'œil, que dans ces gammes nouvelles, les cinq tons et les deux demi-tons (6) ne sont pas disposés comme dans la gamme d'*ut* : de là vient qu'elles sont beaucoup moins naturelles et plus difficiles à chanter.

Quelques-unes même sont tout-à-fait choquantes et désagréables ; la gamme de *si*, par exemple. Il en est une, néanmoins, qui est encore naturelle, et qui flatte l'oreille plus que toutes les autres, surtout lorsqu'on la chante *en descendant*, c'est-à-dire en allant de l'aigu au grave ; c'est la gamme de *la* :

la, si, ut, ré, mi, fa, sol, la.

La manière dont elle est composée doit être remarquée : elle a, *en montant*, un ton, un demi-ton, deux tons, un demi-ton, deux tons.

Le respectable auteur d'un *Traité du Plain-Chant*, imprimé à Poitiers, en 1824, pense que la plus naturelle de toutes les gammes est celle de *sol* ; et il croit qu'elle aurait dû être prise pour échelle diatonique fondamentale, préférablement à celle d'*ut*. Ce serait oublier notre titre que de discuter ici cette opinion : nous devons nous borner à dire qu'elle est opposée à la pratique universelle, même de ceux qui chantent *naturellement*, sans avoir été formés par aucun maître : et qu'elle nous semble, d'ailleurs, dénuée de fondement.

11. On divise les différentes gammes en *gammes majeures* et *gammes mineures*. Les premières sont celles qui commencent, en montant, par une tierce majeure (8) : telles sont les gammes d'*ut*, de *fa* et de *sol*. Les gammes mineures sont celles qui commencent, en montant, par une tierce mineure : telles sont les gammes de *la*, de *ré*, de *mi* et de *si*.

12. Les gammes, tant majeures que mineures, sont, de plus, *parfaites* ou *imparfaites*, selon qu'elles satisfont, ou ne satisfont pas pleinement l'oreille. Parmi toutes celles dont nous avons parlé jusqu'ici, il n'y a qu'une *gamme majeure parfaite*, la gamme d'*ut* ; et qu'une *gamme mineure parfaite*, la gamme de *la*. Ces deux gam-

mes sont les types des deux *modes* de la musique moderne, le *mode majeur* et le *mode mineur* (36).

13. Toutes les fois qu'une gamme est composée comme la gamme naturelle d'*ut*, c'est-à-dire qu'elle présente, en montant, deux tons, un demi-ton, trois tons et un demi-ton ; cette gamme est *majeure parfaite*. Toutes les fois qu'une gamme est composée comme la gamme naturelle de *la*, c'est-à-dire qu'elle présente, en montant, un ton, un demi-ton, deux tons, un demi-ton, deux tons, elle est *mineure parfaite*.

On peut, avec le secours des dièses et des bémols, qui déplacent les demi-tons (23), prendre pour base d'une *gamme parfaite*, soit *majeure*, soit *mineure*, une note quelconque dans la série *ut, ré, mi, fa, sol, la, si*. Veut-on, par exemple, avoir une gamme majeure parfaite en *ré* ? Il suffit, dans la série *ré, mi, fa, sol, la, si, ut, ré*, d'élever le *fa* et l'*ut* d'un demi-ton, en les affectant chacun d'un dièse : et la gamme de *ré* se trouve composée, en montant, de deux tons, un demiton, trois tons et un demi-ton, ce qui est le propre de la gamme majeure parfaite.

14. La note fondamentale d'une gamme, soit majeure, soit mineure, s'appelle *tonique* ; on dit qu'elle est la *tonique* de cette gamme. Le propre de cette note, surtout dans la gamme parfaite, est *de donner plus qu'aucune autre le sentiment du repos*, lorsque la voix s'y arrête : aussi, c'est toujours par elle que le morceau doit finir, sous peine de n'avoir pas l'air terminé.

La tierce au-dessus de la tonique est dite la *médiante* de la gamme ; la quinte au-dessus de la tonique, la *dominante* ; la septième, la *sensible*.

La tonique d'une gamme mineure parfaite, se rencontre toujours une tierce mineure au-dessous de la tonique d'une gamme majeure parfaite quelconque : et réciproquement, on trouve toujours la tonique d'une gamme majeure parfaite, une tierce mineure au-dessus de la tonique d'une gamme mineure parfaite quelle qu'elle soit.

La *tonique*, la *tierce* ou médiante, et la *quinte* ou dominante, auxquelles on peut joindre l'*octave*, formeront, si on les fait entendre simultanément, une *harmonie agréable* : ce sera l'*accord parfait majeur*, si ces notes ont été prises dans une gamme majeure parfaite ; l'*accord parfait mineur*, si elles sont empruntées à une gamme mineure parfaite. Ainsi l'accord parfait majeur de la gamme d'*ut* majeur est *ut, mi, sol, ut* ; l'accord parfait mineur de la gamme de *la* mineur, *la, ut, mi, la*.

CHAPITRE II.

DE LA NOTATION DU PLAIN-CHANT.

---

15. La *notation* du Chant est *l'ensemble des signes employés pour l'écrire* ; c'est *l'écriture du Chant*.

Les Anciens, qui désignaient les différents sons de la gamme par les sept premières lettres de l'alphabet (5), les écrivaient aussi avec les sept premiers caractères. Ces caractères ne se plaçaient point sur une échelle de lignes, mais simplement au-dessus des mots. Les sons graves étaient désignés par des lettres majuscules ; les sons aigus par des minuscules, que l'on doublait pour exprimer les sons plus élevés encore :

A, B, C, D, E, F, G, a, b, c, d, e, f, g, aa, bb, cc, *etc*.

On attribue à l'heureux inventeur des syllabes *ut,
re, mi, fa,* etc., à Gui d'Arezzo, l'idée de représenter
les sons par des points placés sur une échelle de lignes,
et dont une *clef* déterminait les noms. La clef était
toujours une des lettres employées précédemment ;
laquelle placée sur un des degrés de l'échelle, déterminait le nom de la note qui occupait ce degré, et
partant les noms de toutes les autres : on peut récon-
naître encore la forme du G dans la clef de *Sol* (18).
De là notre manière actuelle d'écrire le chant.

16. Les signes employés aujourd'hui sont : la
portée, les clefs, les notes, les barres verticales,
le bémol, le dièse, le bécarre et le guidon.

La *portée*, ainsi appelée sans doute parce
qu'elle exprime la portée ordinaire de la voix,
c'est-à-dire l'étendue que la voix parcourt sans
effort ; la portée est une sorte d'échelle, composée de quatre lignes horizontales, auxquelles on
ajoute, selon le besoin, des lignes supplémentaires :

17. Les *clefs* sont des signes qui indiquent sur
quelle ligne de la portée se trouve une certaine
note de la gamme, et qui par suite déterminent
la position de toutes les autres notes. On en distingue deux dans le Plain-Chant : la clef d'*ut*,
qui se place sur la première, sur la seconde, ou
sur la troisième ligne ; la clef de *fa*, qui occupe
toujours la seconde ligne, du moins dans le chant
parisien ; il en est autrement dans le chant romain, etc.

Clefs d'*ut*   Clef de *fa*.

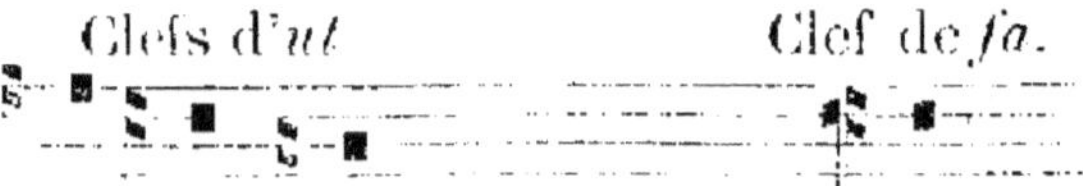

Pour trouver le nom des notes placées au-dessus ou au-dessous d'une clef, il faut partir de la ligne qui porte la clef, et nommer dans leur ordre naturel les notes de la gamme, en les plaçant par la pensée, si elles n'y sont pas réellement, sur chacune des lignes et dans chacun des interlignes que l'on rencontre, jusqu'à ce que l'on arrive à la note en question.

18. Ici se présente naturellement une difficulté : pourquoi plusieurs clefs? Il semblerait bien plus simple de n'en admettre qu'une. Le tableau et les explications qui suivent répondent à cette demande, et montrent que la multiplicité des clefs est fondée sur la nature même des sons et des moyens humains.

Clefs et étendue de la Musique vocale moderne.   Clefs et étendue du Plain-Chant.

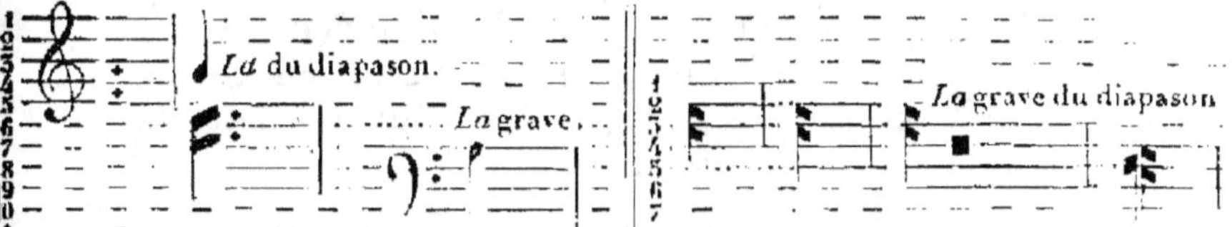

Lorsque l'on voulut écrire les sons sur une échelle de lignes, on dut s'apercevoir bientôt que, pour recevoir toutes les notes que peut donner la voix humaine, depuis la voix la plus grave de l'homme jusqu'à la voix la plus aiguë de la femme et de l'enfant, car il s'agissait d'écrire tous ces sons ; on dut s'apercevoir bientôt qu'il fallait une échelle de *onze lignes*, au moins, telle que celle du tableau précédent. Bien plus, on dut voir qu'il faudrait encore y ajouter plusieurs lignes supplémentaires, soit en haut, soit en bas, pour suivre jusqu'à leur dernière limite les sons produits par les instruments. Une clef, mise sur une ligne quelconque de cette immense portée, suffisait pour en déterminer toutes les notes ; mais l'œil se perdait dans cette multitude de degrés, et il fut évidemment impossible de conserver dans toute son étendue une pareille échelle. Force fut donc de n'en prendre jamais qu'une partie à la fois : tantôt la partie supérieure, tantôt la partie inférieure, tantôt celle du milieu, selon que les sons à écrire se trouvaient plus ou moins élevés ; et comme la ligne portant la clef adoptée d'abord, n'était pas toujours du nombre de celles qui étaient employées, il fut nécessaire d'avoir plusieurs clefs distribuées sur la grande portée, de manière que les quatre ou cinq lignes que l'on en prendrait, selon le besoin, se trouvassent toujours avoir une clef.

On voit par là que, à proprement parler, les clefs ne changent jamais de place ni de ligne, mais qu'elles paraissent seulement se déplacer, selon que l'on prend plus ou moins de lignes au-dessus et au-dessous de celle qu'elles occupent dans la grande *échelle diatonique* (1).

19. Le tableau qui vient d'être tracé de cette échelle, montre clairement qu'elle est la même pour la musique moderne et pour le chant de l'Église : seulement, ce dernier, toujours plus grave et plus posé dans sa marche, ne la parcourt pas dans toute son étendue ; il ne s'élève jamais jusqu'à emprunter la clef supérieure de la musique, qui est la clef de *sol*.

20. Enfin, ce même tableau indique le degré

---

(1) *Diatonique*, de Διά, par, à travers ; et de Τόνος, ton, son ; qui comprend une série de sons, ou toute la série des ...

qu'occupe dans l'échelle diatonique le son fixe et invariable dont on est convenu de se servir pour déterminer et nommer tous les autres. Ce son, que l'on est convenu de prendre pour le *la*, est donné par un petit instrument d'acier appelé *diapason*, d'où il est nommé *la* du *diapason*. Ce son fixe une fois admis comme point de départ, il en résulte : 1.º *Que le ton précis sur lequel devrait être exécuté un morceau quelconque de chant ou de musique, est déterminé par la clef et les notes avec lesquelles il est écrit*, puisque cette clef et ces notes indiquent dans quelle partie de la *grande échelle diatonique* (18), dont tous les sons sont fixes, le morceau en question prend son échelle ou portée particulière de quatre ou cinq lignes.

On ne peut pas, dans les chœurs, exécuter toujours le Plain-Chant sur le ton indiqué par la clef : les voix qui composent le chœur, étant toujours les mêmes, on est obligé de prendre constamment le même ton pour tous les morceaux (98 et suiv.).

Il résulte 2.º *Qu'en écrivant un air quelconque, on peut reproduire sur le papier, non-seulement les intervalles qui le composent, mais jusqu'au ton précis de celui qui l'exécute.* Il suffira pour cela de reconnaître d'abord, au moyen du diapason, quels degrés occupent dans la *grande échelle diatonique* les sons que l'on veut écrire.

21. Sur les lignes de la portée et dans les intervalles qui les séparent, se placent les *notes*; caractères qui, dans le Plain-Chant, ont la forme d'un carré ou d'un losange, et dont chacun représente un son.

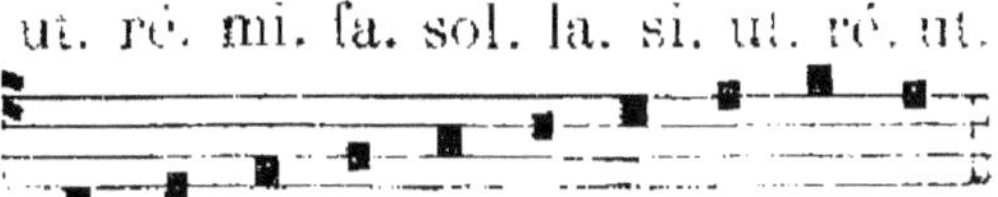

Les notes sont de différentes formes, pour exprimer la *durée différente* de chaque son.

Forme et valeur comparée des notes du Plain-Chant.

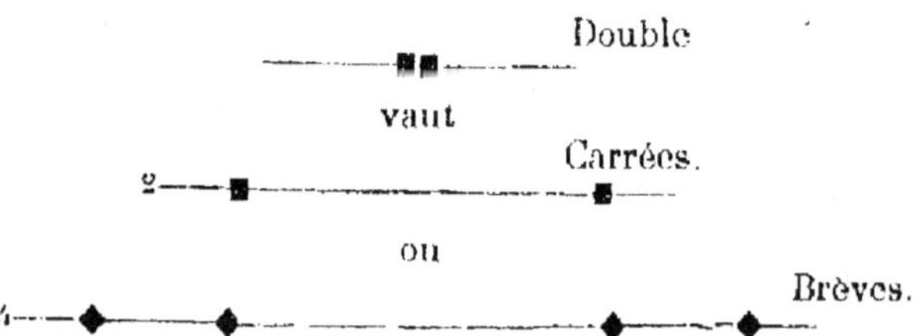

Un point joint à une note, augmente cette note de la moitié de sa valeur : ainsi ◼ égale ◼◆ ou ◼◆◆. Quant à la carrée à queue ◼, *si elle est suivie d'une brève, ou d'un nombre impair de brèves*, la queue l'augmente de sa moitié : sinon, la queue n'en change nullement la valeur, et elle sert seulement à marquer la quantité des mots, ou à conduire l'œil à la note suivante. Le point et la queue ajoutés à la note double ◼◼◆◼◼, n'affectent *ordinairement* que la seconde des deux carrées dont la double se compose : il pourrait en être autrement dans une pièce mesurée à 3 ou à 4 temps (33).

On rencontre, quoique très-rarement, dans quelques Hymnes ou Proses, la brève pointée ◼◆ laquelle est alors suivie d'une *demi-brève*, c'està-dire d'une brève qui ne vaut que la moitié de la brève ordinaire, bien qu'elle en ait communément la forme ◆.

Il ne faut pas prendre pour des brèves, comme l'ont fait les éditeurs de certains livres récemment imprimés, les notes de forme rhomboïdale, qui se trouvent souvent réunies au nombre de deux, trois ou quatre dans les livres anciens. Pour écrire

De- us

on écrivait anciennement ; d'une manière plus expé-
ditive : 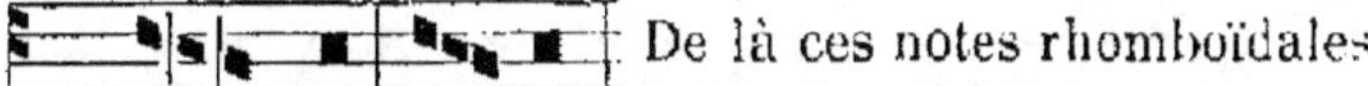 remplaçant par un simple trait

De- us

de plume les trois notes carrées que nous mettons
aujourd'hui : mais, comme il n'était pas toujours facile
de distinguer combien de notes représentait le trait
de plume, on en vint à le couper verticalement de
petites lignes, et même à le séparer en plusieurs parties:

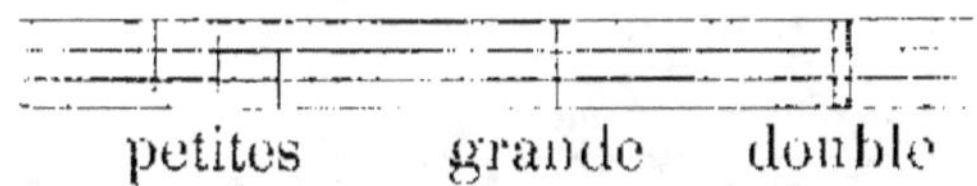 De là ces notes rhomboïdales

qui ressemblent à des brèves, et qui cependant n'en
sont pas. Cependant on trouve, dans de vieilles éditions, de véritables brèves ayant la forme rhomboïdale.

22. Les notes sont fréquemment séparées par
des *barres verticales* de plusieurs espèces :

petites   grande   double

Les petites barres séparent les mots, et quelquefois marquent les mesures dans les Proses et
les Hymnes. La grande barre marque la fin des
vers et des lignes dans les Hymnes et les Proses;
elle indique les changements de chœur dans les
Traits, le *Credo*, etc. La double barre se met à
la fin des morceaux ; au milieu des Offertoires
et des Communions , pour marquer un repos;
dans le cours des morceaux, pour indiquer les
changements de chœur, la fin des versets, les
strophes, etc. ; après le premier ou les premiers
mots d'une pièce de chant, pour déterminer où
doit s'arrêter celui qui l'entonne ou qui l'im-
pose, etc.

Ces barres de différentes sortes , sont souvent
distribuées avec une négligence assez marquée
dans nos livres de chant ; elles s'y trouvent mises

les unes pour les autres ; de là notre embarras
pour en bien préciser l'usage ; elles n'ont pas, en
général, grande importance ; et *presque jamais
elles ne doivent être regardées comme indiquant
des repos.*

Il en est autrement dans plusieurs liturgies différentes de la parisienne, dans lesquelles les barres
grandes ou petites, aussi bien que les notes à queue
▐ , sont employées pour marquer les repos du chant :
cela se voit dans les livres de Poitiers, de Nantes, etc.
Nous n'avons ici en vue que le Chant parisien.

23. Le *bémol*, le *dièse* et le *bécarre* sont désignés par le nom commun d'*accidents*. Ce sont
trois signes qui, placés avant les notes, les affectent de diverses manières : le bémol ♭ baisse
la note d'un demi-ton ; le dièse ♯ la hausse d'autant : le *bécarre* ♮ détruit ou prévient l'effet, soit
du bémol, soit du dièse.

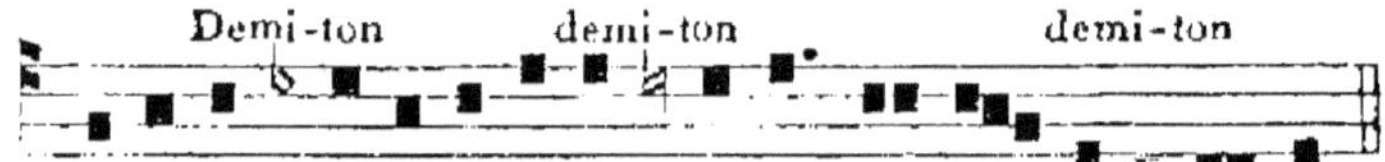

Bémol vient de B mol, c'est-à-dire B, ou *si*, adouci ;
parce que primitivement le *si* était la seule note sou-
mise à cet abaissement d'un demi-ton. *Dièse*, de
Διαίρω élever, signifie élévation.

Lorsque l'un ou l'autre de ces signes est joint
à la clef, il n'est plus *accidentel* mais *continuel* ;
et il affecte toutes les notes qui, dans toute la
portée, se trouveront sur la ligne ou dans l'in-
terligne qu'il occupe. Le bémol ou le dièse, placés dans le cours d'une pièce de chant, n'exercent
leur influence, *régulièrement parlant*, que jusqu'à
la rencontre d'une barre verticale petite ou
grande. On dit *régulièrement parlant* ; car il y a
plus d'un endroit dans nos livres de Chant, où
l'on est obligé d'étendre ou de restreindre davantage l'influence du bémol, qui n'a pas été

répété ou détruit par le bécarre , lorsqu'il aurait
dû l'être.

24. Nous avons dit plus haut (13) que chacune des
notes de la série naturelle *ut, ré, mi*, etc., pouvait
être prise pour base d'une *gamme parfaite,* soit *majeure,* soit *mineure,* avec le secours des bémols et des
dièses. Ces accidents sont alors placés à la clef, et
continuels. De plus, sous peine de ne pas produire l'effet désiré, et de donner au contraire une *gamme imparfaite,* ou même une gamme *impossible à chanter,*
ils doivent nécessairement se présenter dans l'ordre
suivant : S'il y a *un bémol* à la clef, il doit affecter le
si ; s'il y en a deux, ils doivent affecter le *si* et le *mi :*
s'il y en a trois, le premier sera toujours sur le *si,*
le second sur le *mi,* le troisième sur le *la :* et ainsi de
suite dans cet ordre : *Si, mi, la, ré, sol, ut, fa.*
La tonique de la *gamme majeure parfaite* (14) se
trouve toujours être la quarte au-dessous du dernier
bémol placé à la clef.
Les dièses doivent apparaître à la clef précisément
dans l'ordre inverse : s'il n'y en a qu'un, il sera sur le
fa ; s'il y en a deux, ils affecteront le *fa* et l'*ut*, etc..
toujours dans l'ordre suivant : *Fa, ut, sol, ré, la, mi, si.*
La tonique de la *gamme majeure parfaite* sera constamment un demi-ton au-dessus du dernier des dièses
mis à la clef.

Ordre des Dièses.   Ordre des Bémols.

L'exemple offre une portée musicale, et non une portée de Plain-Chant ; parce que cette multiplicité d'accidents n'est usitée que dans la musique moderne :
elle ne peut être transportée dans le Plain-Chant que
par la *transposition* (44) ; laquelle, du reste, ne saurait être bien comprise sans les détails précédents.

25. Le *Guidon* est une demi-note à queue
placée à la fin d'une portée, pour indiquer la

première note de la portée suivante. Le Guidon ne se chante pas.

＊＊＊＊＊＊＊＊＊＊＊＊＊＊＊＊＊＊＊＊＊＊＊＊＊＊

CHAPITRE III.

DE LA MESURE.

26. La *Mesure* dont il s'agit ici est, en général, *une division du temps en un certain nombre de parties égales, d'après laquelle on règle la durée de chaque son.* Chacune de ces portions égales de temps, obtenues par la division, s'appelle un *temps*, et chaque *temps* se marque d'ordinaire par un mouvement régulier du pied ou de la main: faire ce mouvement, c'est *battre la mesure*.

On peut dire que la mesure *est nécessaire*, pour obtenir, dans l'exécution du chant, cet ensemble parfait, qui en constitue le principal mérite.

27. Il est dans le Plain-Chant des parties que l'on doit chanter sans observer de mesure proprement dite : elles seront indiquées dans le chapitre sixième (110). Quant aux morceaux qui doivent s'exécuter *en mesure*, ils peuvent tous être réglés par la mesure *à deux temps*, ou par celle *à trois temps*.

On pourrait adopter pour le Plain-Chant ordinaire.

pour les Antiennes , Répons etc. , la mesure *à un temps*, que de bonnes méthodes de Chant leur attribuent ; mais comme la mesure *à deux temps* peut également leur être appliquée, il semble inutile d'introduire cette mesure, d'ailleurs inusitée dans la musique.

28. La mesure *à deux temps* se marque par deux mouvements égaux en durée ; savoir, un *frappé* et un *levé*, que l'on répète autant qu'il est nécessaire. Pour remplir les deux temps de cette mesure, il faut deux carrées simples (20) ou leur valeur ; une carrée ou sa valeur pour chaque temps : la durée de la carrée simple est donc regardée comme *unité de temps* dans cette mesure.

On doit *battre à deux temps* l'Invitatoire , la plupart des Hymnes, les Antiennes , les Répons, l'Introït, le *Kyrie*, le *Gloria in excelsis* , le Graduel , les *Alleluia* , le Trait, quelques Proses tout entières , comme *Lauda Sion* , *Dies iræ* , etc. , et les Invocations qui terminent la plupart des autres ; l'Offertoire , le *Sanctus*, l'*Agnus Dei* , la Communion.

29. Dans tous ces morceaux , à moins que les mesures ne soient indiquées par des barres verticales, ce qui n'a lieu que dans quelques Hymnes, Proses ou Motets, il est en général assez indifférent de commencer à battre la mesure par un *levé* ou par un *frappé* : il serait cependant mieux que l'on commençât toujours de manière à ce qu'un *frappé* se trouvât sur la dernière note. Dans le cas où les mesures sont déterminées par des barres , si la première mesure est complète, c'est-à-dire, composée de deux carrées ou de leur valeur, on doit commencer par un *frappé*; sinon, par un *levé*.

30. Il faut s'appliquer, en commençant une pièce de chant, à bien donner à sa mesure le mouvement convenable, sans le retarder ni l'accélérer ensuite, à moins que quelque raison particulière n'y oblige. On s'appliquera à donner à chaque note *exactement* la valeur qu'elle représente (21), et la mesure ne sera *jamais* interrompue dans tout le cours du morceau : tout au plus pourrait-on la suspendre par un *point d'orgue*, au milieu d'un Offertoire, afin d'en mieux marquer le repos.

On appelle *point d'orgue* un arrêt ou suspension de la mesure pendant un instant : il se marque par ce signe ⌒ ou ⌣, placé au-dessus ou au-dessous de la note sur laquelle on devra s'arrêter.

31. Régulièrement parlant, les repos ne doivent avoir lieu qu'à la fin des morceaux et aux carrées pointées ■ (22). On fait durer cette note un temps et demi, et elle est suivie d'un repos ou silence d'un demi-temps qui complète la mesure. Les doubles ■■ durent deux temps, et remplissent par conséquent une mesure, ou deux demi-mesures si elles se trouvent partagées en deux par un *frappé*.

Les brèves ne doivent nullement interrompre la mesure : s'il n'y en a qu'une, ou si elles sont en nombre impair, on fait durer un temps et demi la dernière carrée qui précède, et celle-ci doit alors avoir une queue ■ : c'est le seul cas où la queue modifie la valeur de la note carrée, dans les morceaux qui se chantent en mesure (21). Si les brèves sont en nombre pair, deux, quatre, etc., la note carrée qui les précède n'a que la valeur d'un temps, et elles se réunissent deux à deux pour compléter les temps qui doivent remplir la mesure.

Dans tous les morceaux chantés à deux temps,

sauf quelques Hymnes, Proses et Motets, mesurés avec une exactitude rigoureuse, l'avant-dernière note est toujours censée double ▪▪, à moins qu'elle ne soit brève ◆, et la dernière toujours pointée ▪·. La dernière note de chacune des parties du *Kyrie*, du *Gloria in excelsis* et du *Credo*, chantées par différents chœurs, doit également être regardée comme pointée. Pour que le chant du *Te Deum* conserve toute sa beauté et sa majesté, il doit être exécuté parfaitement en mesure : pour cela, on peut faire double ▪▪ l'avant-dernière note de chaque verset, sauf le cas où elle est brève ; et l'on observera exactement le point ▪·, qui est ou doit être au milieu et à la fin de chaque verset.

32. La *mesure à trois temps* s'indique par trois mouvements égaux : un *frappé*, un mouvement *à droite* et un *levé*, lesquels on réitère jusqu'à la fin de la pièce. Elle est en usage dans presque toutes les Proses, excepté ordinairement l'Invocation, et dans quelques Hymnes.

Il serait à souhaiter qu'un chiffre l'annonçât, au commencement de ces morceaux, dans nos livres de Chant, et que chaque mesure fût séparée de la suivante par une barre verticale. Ce second point se rencontre quelquefois ; habituellement l'un et l'autre sont laissés *au discernement du chantre.*

33. Les trois temps qui remplissent chacune des divisions de cette mesure, ne sont ordinairement que trois brèves ◆◆◆, ou leur valeur ▪◆, ▪·; c'est-à-dire trois demi-temps. Alors la note carrée vaut deux de ces temps, la brève en vaut un, la note pointée ▪· en vaut trois ; elle remplit une mesure et n'emporte après elle aucun repos. Le point est assez souvent omis, dans certaines éditions du chant parisien ; il faut nécessairement le supposer en plusieurs endroits : autrement il n'y a pas de mesure possible. Il faut également, surtout dans les anciens livres, souvent supposer des brèves à la place des carrées, et faire abstraction d'une multitude de queues ; ce qui complique beaucoup l'exécution de morceaux d'ailleurs assez simples.

Enfin il serait à désirer, que les *périélèses* ou *crochets* 103, ne vinssent pas briser la mesure dès les premiers mots, surtout dans les pièces mesurées à trois temps.

La *mesure à quatre temps* s'indique par quatre mouvements égaux : un *frappé*, un mouvement *à gauche*, un mouvement *à droite* et un *levé*. Les quatre temps dont elle se compose, pourraient être quatre carrées, ou quatre brèves. Comme elle est à peu près inusitée dans le Plain-Chant, nous n'avons pas à nous en occuper davantage.

34. La mesure dans le chant des divins Offices, doit toujours être *grave* et jamais légère ni précipitée. En général, elle doit être d'autant plus grave que le rit de l'Office est plus élevé : elle sera donc *très-grave* aux Annuels, un peu moins grave aux Solennels, et moins encore aux fêtes doubles et aux simples Dimanches. On remarquera toutefois ailleurs que, dans un même Office, il est des parties qui doivent être chantées plus rapidement que les autres (111).

CHAPITRE IV.

DES TONS OU MODES DU PLAIN-CHANT.

35. Il importe ici de bien préciser d'abord et de bien distinguer les différents sens du mot *ton*. 1.º Ce mot s'emploie, par opposition à demi-ton, pour désigner le plus considérable des deux intervalles dont la répétition forme la gamme naturelle (6). En ce sens, on dit que de l'*ut* au *ré* il y a un ton, aussi bien que de *ré* à *mi*, de *fa* à *sol*, etc. ; 2.º le mot *ton* signifie encore un son quelconque, pris isolément, comme quand on dit : *Prenez mon ton; ces deux sons, ces deux voix sont au même ton*; 3.º on appelle *ton*, un certain milieu de la voix, au-dessus et au-dessous duquel elle puisse monter et descendre, sans effort désagréable : C'est le *ton du chœur*; c'est sur ce *medium* que le chœur devra placer la *dominante* de chaque morceau de chant (47); 4.º enfin, on se sert du mot *ton* pour désigner certaines manières de composer le chant, dont chacune a ses tours, ses phrases de chant, ses chutes, en un mot ses *mélodies* (*) ou modulations particulières, qui la

---

(*) L'impression que laissent dans la mémoire différents sons qui se succèdent, est le *criterium* le plus vrai peut-être de la mélodie. Wiseman : *Confér. sur les Cérém. de la Semaine Sainte*; seconde Confér., p. 112.

distinguent des autres ; *ton* est alors synonyme de *mode* ; c'est en ce dernier sens qu'il doit être entendu , dans le titre et dans toute la suite de ce chapitre.

36. La musique moderne n'admet que deux *tons* ou *modes* : le *majeur* et le *mineur*. Chacun de ces deux modes est déterminé par la note dernière ou *finale* de la pièce de musique ; de là vient que cette note est appelée *tonique*.

Lorsque, à partir de la finale ou tonique, et en ayant égard aux accidents (23) dont la clef est peut-être accompagnée, on trouve, en montant, une gamme majeure parfaite (12), la pièce musicale est du *mode majeur*. Si, en procédant de la même manière, on trouvait une gamme mineure parfaite, la pièce serait du *mode mineur* ; et, selon que la tonique sera *ut, sol, ré*, etc., on dira que le morceau est en *ut, sol, ré*, etc., *majeur* ou *mineur*.

Si la gamme, majeure ou mineure, dont la tonique est la base, était *imparfaite* (12 et 13), on dirait que le mode musical de la pièce est *majeur imparfait* ou *mineur imparfait,* ce qui n'a lieu que dans le Plain-Chant.

Du reste, pour constater ainsi le mode d'un morceau de musique, il n'est pas nécessaire de *monter* toute la gamme dont sa tonique est la base ; on peut s'arrêter à la tierce : si l'intervalle parcouru est une *tierce majeure* (8), la gamme fondamentale du morceau sera *majeure*, et il sera du *mode majeur* ; si la tierce est mineure, le morceau est du *mode mineur*.

37. La musique ancienne admettait un bien plus grand nombre de modes ; et le Plain-Chant les a conservés à peu près.

On ne s'attacha point, dans le principe, à n'avoir pour gammes fondamentales des modes, que des gammes parfaites (12) : on prit simplement les différentes gammes, qui peuvent s'établir sur chacune des notes de la série naturelle des sons , en laissant toujours les demi-tons du *mi* au *fa* et du *si* à l'*ut*. On obtient ainsi naturellement les sept gammes suivantes :

demi-ton   demi-ton
1. *Ut, ré. mi, fa, sol, la, si, ut.*

d.-t.   d.-t.
2. *Ré, mi, fa, sol, la, si, ut , ré.*

d.-t.   d.-t.
3. *Mi, fa, sol, la, si, ut, ré, mi.*

d.-t.   d.-t.
4. *Fa, sol, la, si, ut, ré, mi, fa.*

d.-t   d.-t.
5. *Sol, la, si, ut, ré, mi, fa, sol.*

d.-t.   d.-t.
6. *La, si, ut, ré, mi, fa, sol, la.*

d.-t.   d.-t.
7. *Si, ut, ré, mi, fa, sol, la, si.*

38. Chacune de ces sept échelles diatoniques peut être prise pour base d'un *mode* ou *ton* particulier, qui lui empruntera ses modulations, et qui aura pour *tonique* ou *finale* la note la plus basse de l'échelle. On aura ainsi tout d'abord *sept tons* bien distincts, dont chacun aura toute son étendue au-dessus de sa tonique.

Mais, précisément à raison de cette dernière particularité, ils présenteront une *monotonie* fatigante ; ils ne satisferont qu'imparfaitement l'oreille, et ils gêneront la voix qui demande fréquemment à descendre au-dessous de la tonique, sans vouloir s'élever jusqu'à son octave.

39. Pour remédier à ces inconvénients, il suffit, en conservant toujours les mêmes toniques et au fond les mêmes échelles diatoniques, de transporter au-dessous de chaque tonique la quarte supérieure de la gamme basée sur cette tonique. Modifié de la sorte, chacun des sept premiers tons nous en donnera un nouveau, ayant la même tonique, mais une étendue différente : et l'on comptera en tout *quatorze tons*, tels que les représente le tableau suivant :

tonique.
1. *Ut*, ré, mi, fa, sol, la, si, ut,

tonique.
3. *Ré*, mi, fa, sol, la, si, ut, ré,

tonique.
5. *Mi*, fa, sol, la, si, ut, ré, mi,

tonique.
7. *Fa*, sol, la, si ut, ré, mi, fa,

tonique.
9. *Sol*, la, si, ut, ré, mi, fa, sol,

tonique.
11. *La*, si, ut, ré, mi, fa, sol, la,

tonique.
13. *Si*, ut, re, mi, fa, sol, la, si.

Donne par la translation de la quarte supérieure au-dessous de la tonique

tonique.
2. Sol, la, si, *ut*, ré, mi, fa, sol.

tonique.
4. La, si, ut, *ré*, mi, fa, sol, la.

tonique.
6. Si, ut, ré, *mi*, fa, sol, la, si.

tonique.
8. Ut, ré, mi, *fa*, sol, la, si, ut.

tonique.
10. Ré, mi, fa, *sol*, la, si, ut, ré

tonique.
12. Mi, fa, sol, *la*, si, ut, ré, mi.

tonique.
14. Fa, sol, la, si, ut, ré, mi, fa.

40. Telle est la théorie de la formation des modes de la musique ancienne, et par conséquent des tons du Plain-Chant, qui, au fond, n'en diffèrent pas. On se tromperait néanmoins, si l'on croyait que ces quatorze modes ont été ainsi tous formés et mis en usage dès le principe.

Saint Ambroise, qui jeta les premiers fondements du chant de l'Eglise latine, vers l'an 393, et qui, pour cela, avait compilé les diverses méthodes connues à cette époque, écrivit lui-même un recueil de règles, dans lequel il n'admettait que quatre modes, dont les noms attestent assez l'origine grecque :

                    tonique.
1.er Le Dorien :   *Ré*, mi, fa, sol, la, si, ut. ré.

                    tonique.
2.e Le Phrygien :   *Mi,* fa, sol, la, si, ut, ré, mi.

                    tonique.
3.e Le Lydien :   *Fa,* sol, la, si, ut, ré, mi, fa.

                    tonique.
4.e Le Mixolydien : *Sol,* la, si, ut, ré, mi, fa, sol.

41. Deux cents ans après, le pape saint Grégoire, premier du nom, et surnommé le Grand, comprit la nécessité (38) d'ajouter aux tons ambroisiens quatre autres tons, qui en seraient formés en transportant la quarte supérieure de leur gamme fondamentale au-dessous de la tonique.

Chacun de ces nouveaux tons fut placé à la suite de celui qui lui avait donné naissance, et en conserva le nom, avec l'addition de la particule υπο, sous.

Le Plain-Chant eut donc alors huit tons, qui se trouvèrent dans l'ordre suivant :

tonique.
1.er Dorien :   *Ré*, mi, fa, sol, la, si, ut, ré.

tonique.
2.e Hypodorien :   La, si, ut, *ré*, mi, fa, sol, la.

tonique.
3.e Phrygien :   *Mi*, fa, sol, la, si, ut, ré, mi.

tonique.
4.e Hypophrygien :   Si, ut, ré, *mi*, fa, sol, la, si.

tonique.
5.e Lydien :   *Fa*, sol, la, si, ut, ré, mi, fa.

tonique.
6.e Hypolydien :   Ut, ré, mi, *fa*, sol, la, si, ut.

tonique.
7.e Mixolydien :   *Sol*, la, si, ut, ré, mi, fa, sol.

tonique.
8.e Hypomixolydien : Ré, mi, fa, *sol*, la, si, ut, ré.

42. Les anciens tons de saint Ambroise furent appelés *premiers*, *authentiques*, *supérieurs*, *impairs*, *etc.* : les nouveaux de saint Grégoire, *plagaux*, *collatéraux*, *inférieurs*, *pairs*, etc.

43. Ces tons furent d'abord exactement renfermés chacun dans la gamme qui lui servait d'échelle diatonique, et chacun d'eux n'avait que l'étendue d'une octave. Mais les compositeurs introduisirent bientôt des exceptions, en désignant parmi ces échelles diatoniques quelques-unes capables de recevoir une ou plusieurs notes inférieures ou supérieures ; en admettant le bémol pour adoucir certains intervalles. Ils en vinrent jusqu'à mettre en usage quatre nouveaux tons, qu'ils ajoutèrent aux huit précédents. Si l'on en juge par leurs noms, ces modes se trouvaient aussi dans les anciennes méthodes grecques. Les voici :

tonique.

9.ᵉ Eolien :   *La*, si, ut, ré, mi, fa, sol, la.

tonique.

Il se transposait ainsi : *Ré*, mi, fa, sol, la, si ♭, ut, ré.

tonique.

10.ᵉ Hypoéolien :   Mi, fa, sol, *la*, si ut, ré, mi.

tonique.

Il se transposait ainsi : La, si ♭, ut, *ré*, mi, fa, sol, la.

tonique.

11.ᵉ Ionien :   *Ut*, ré, mi, fa, sol, la, si, ut.

tonique.

Il se transposait ainsi : *Fa*, sol, la, si ♭, ut, ré, mi, fa.

tonique.

12.ᵉ Hypoxonien :   Sol, la, si, *ut*, ré, mi, fa, sol

tonique.

Il se transposait ainsi : Ut, ré, mi, *fa*, sol, la, si ♭, ut.

44. *Transposer* un morceau, c'est le *transporter
du mode où il se trouve dans un autre absolument
de même nature.* Deux modes sont *absolument de
même nature*, lorsque leurs échelles diatoniques
ou gammes fondamentales, bien que composées
de notes différentes, présentent deux séries semblables de tons et de demi-tons, et que leurs
toniques sont au même degré dans leurs échelles
respectives. Prenons un exemple :

t.   d-t.   d-t.

L'échelle diatonique *ré*, mi, fa, sol, la, si, ♭ ut, ré.
est bien semblable à t.   d-t.   d-t.
   l'échelle . . . . *la*, si , ut, ré, mi, fa, sol, la,

Toutes les deux ont les demi-tons du second au
troisième et du cinquième au sixième degré ; toutes les deux ont la tonique pour première et pour
dernière note. Les deux modes dans lesquels ces
deux gammes sont fondamentales se trouvent
donc *absolument de même nature* ; et tout morceau appartenant à l'un de ces modes, pourra
être transporté ou *transposé* dans l'autre ; les
sons dont se compose la pièce de chant, se suc-
cèderont exactement dans le même ordre après
la transposition ; seulement *ils seront tous dérr-*

nus plus graves ou plus aigus (20) , comme on
le voit dans l'antienne suivante :

Du 9.ᵉ

Transposé en *ré.*

45. Il n'y eut jamais plus de douze modes dans le
Plain-Chant. La théorie de leur formation (37, 38, 39)
conduisait, ce semble, à en admettre quatorze ; mais
le mode de *si :*

tonique
Si, ut, ré, mi, fa, sol, la, si ;
tonique

et son plagal : Fa, sol, la, *si*, ut, ré, mi, fa,
n'ont jamais été employés que dans quelques transpositions ; leur dureté les a toujours fait repousser
comme modes fondamentaux (*).

(*) « De grandes disputes s'élevèrent à l'effet de savoir
combien la musique ecclésiastique admettait de tons. C'é-
taient des jours de respect à l'autorité, et le point en litige
fut référé à Charlemagne. Il étudia la question profondé-
ment, prit conseil, et rendit son impérial décret : Que
huit clefs ou modes paraissaient bien suffisants. Des ré-
clamations s'élevèrent à ce qu'il paraît, surtout de la part
des Grecs, et une seconde sentence prononça : Qu'il y avait
douze modes. » *Confér. sur les cérém. de la semaine sainte*
2.ᵐᵉ *Conf. p.* 90. Par Mᵍʳ. Wiseman.

46. On ne fut pas longtemps sans remarquer une grande ressemblance entre le premier mode, le Dorien, et le neuvième, l'Éolien : l'analogie se trouvait même parfaite entre ces deux modes quand, par suite des innovations (43), le *si ♮* se rencontrait dans le Dorien. Une pareille analogie fut observée entre le dixième et le second avec *si ♮* ; entre le onzième et le cinquième avec *si ♮* ; enfin entre le douzième et le sixième avec *si ♮*. Cela fit que les douze tons furent réduits à huit : chacun des quatre derniers ayant été réuni à celui des précédents auquel il ressemblait si fort. On continua toutefois de les distinguer encore, en appelant le neuvième *premier irrégulier* ; le dixième, *second irrégulier* ; le onzième, *cinquième irrégulier*, et le douzième, *sixième irrégulier*.

47. Il y a donc aujourd'hui *huit tons* ou *modes* dans le Plain-Chant. Ces tons sont parfaitement distincts les uns des autres, par les propriétés et les caractères très-différents qui leur sont propres, et qui sont généralement trop peu connus. On les distingue : 1.º Par la *dominante* : on appelle ainsi *la note sur laquelle et autour de laquelle le chant roule principalement* ; c'est d'ordinaire celle qui reparaît le plus fréquemment dans le cours du morceau. Dans la musique moderne, la dominante est toujours la quinte au-dessus de la *finale* ou tonique ; il n'en est pas toujours ainsi dans le Plain-Chant ; 2.º Par la *finale* : c'est la dernière note du morceau ; plus que toutes les autres, elle sert à déterminer le ton ; elle s'appelle pour cela *tonique* ; 3.º Par la considération du *mode musical* (36), que déterminent la tonique et les accidents de la clef ; 4.º Par des *modulations* particulières prises dans différentes gammes parfaites (12) ; 5.º Par *l'étendue de l'échelle diatonique*, c'est-

a-dire l'intervalle renfermé entre la note la plus grave et la note la plus élevée du ton ; 6.° Par la *Psalmodie*, ou manière de chanter les Psaumes et Cantiques, propre à chaque ton ; 7.° Enfin, par *l'expression particulière* qui résulte pour chaque ton de la considération simultanée de tous ses caractères. Voici l'indication succincte des principaux caractères de chaque mode.

48. Premier ton régulier, en D, ancien Dorien. Dominante *la.* Finale *ré;* c'est pour cela qu'il est dit en D (5). Mode musical *ré* mineur imparfait, parfait quand le *si* est bémol. Outre les modulations du mode musical *ré* mineur, qui lui sont propres, et par lesquelles il finit toujours, il emprunte souvent des phrases aux modes de *fa* majeur et de *la* mineur, et quelquefois à celui d'*ut* majeur. Comme tous les autres tons, il était primitivement renfermé dans l'espace d'une gamme, celle de sa finale : *ré*, mi, fa, sol, la, si, ut, ré : l'usage a augmenté d'un degré inférieur son échelle diatonique, et il s'élève quelquefois jusqu'au *mi*. Il est toujours noté avec la clef d'*ut* sur la ligne supérieure :

Nous exposerons sa psalmodie, ainsi que celle des autres tons, dans le chapitre suivant (68). Sa marche est, en général, solennelle, et son expression majestueuse ; c'est ce qui le fit appeler par les anciens *primus gravis.*

49. Premier ton irrégulier, en A, ancien Éolien, autrefois neuvième ton. Dominante *mi.* Finale *la,* représentée par A. Mode musical *la* mineur parfait, lorsqu'il n'est pas transposé (43) ; et il est alors noté avec la clef d'*ut* sur la troisième ligne : Mais il est presque toujours trans-

posé en *ré* mineur parfait, et sa clef est
alors : 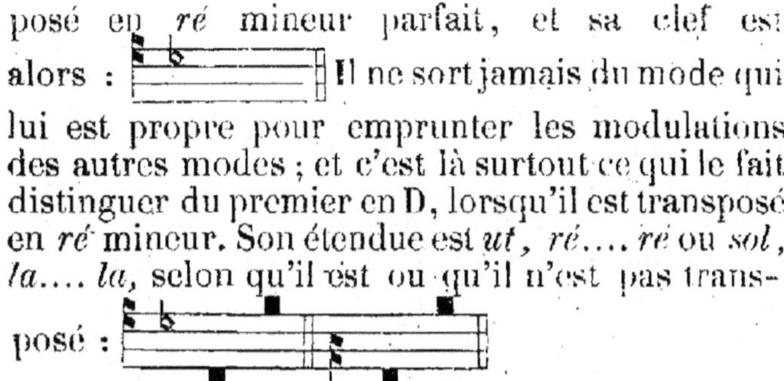 Il ne sort jamais du mode qui
lui est propre pour emprunter les modulations
des autres modes ; et c'est là surtout ce qui le fait
distinguer du premier en D, lorsqu'il est transposé
en *ré* mineur. Son étendue est *ut, ré.... ré* ou *sol,
la.... la*, selon qu'il est ou qu'il n'est pas transposé :

50. Second ton régulier, en D, Hypodorien.
Dominante *fa*. Finale *ré*. Mode musical *ré* mineur
parfait, le *si* étant presque toujours affecté du bémol, quoiqu'il ne soit jamais à la clef. Il demeure
à peu près constamment dans le mode de *ré* mineur. Sa clef est celle de *fa*; il est le seul ton pour
qui elle soit en usage dans le Plain-Chant parisien. Son étendue est *la, si.... si* :

Il sera parlé de sa psalmodie dans le chapitre
suivant (68). On remarque, dans presque toutes les
pièces de ce ton, quelque chose de monotone et
de sombre, et il est propre à rendre les pensées
tristes ; de là l'épithète *tristis*, qu'il a reçue des
anciens : il se prête cependant bien à exprimer
les pensées fortes.

51. Second ton irrégulier, en A, Hypoéolien,
dixième ton d'autrefois. Dominante *ut*. Finale *la*.
Mode musical *la* mineur parfait; il n'en sort
pas. Clef et étendue : Quel-
quefois :

52. Troisième ton régulier, en E, Phrygien.

Dominante *ut*. Finale *mi*, désignée par E. Son mode musical est assez difficile à bien préciser : il est en *mi* mineur inverse et imparfait ; mineur inverse, parce que, en partant de sa finale *mi*, on trouve, en montant, une tierce mineure dans laquelle le demi-ton est avant le ton, *mi, fa, sol* (8) ; mineur imparfait, parce qu'une gamme mineure, qui commence de la sorte, est loin d'être parfaite (13). On peut dire encore que son repos final n'est qu'une suspension à la médiante d'*ut* majeur (14) : en effet, tandis qu'une voix terminera un morceau du troisième ton par sa finale propre, par le *mi*, qu'une autre voix fasse entendre l'*ut* inférieur, l'oreille saisira sur-le-champ cette dernière note comme la tonique véritable de la pièce, surtout si cette pièce a pris une partie de ses modulations dans la gamme d'*ut* majeur, comme il arrive fréquemment au troisième ton. Son mode imparfait de *mi* mineur inverse admet les modulations d'*ut* majeur et de *la* mineur. Voici sa clef et son étendue :

Sa marche est habituellement facile, bien qu'il semble n'avancer que par sauts et par bonds ; il prend volontiers un air doux et affectueux. On prétendait le caractériser par l'épithète *mysticus*.

53. Quatrième ton régulier, en E, Hypophrygien. Dominante *la*. Finale *mi*. Son mode musical est le même que celui du ton précédent (52). Ses modulations sont prises dans sa gamme fondamentale imparfaite de *mi* mineur inverse ; ou plus exactement, dans les gammes parfaites d'*ut*

majeur, de *ré* mineur et de *la* mineur : très-souvent elles roulent et semblent pour ainsi dire se jouer autour du demi-ton *mi-fa* ; elles excluent habituellement les grands intervalles et les éclats de voix ; fréquemment elles ne parcourent pas toute l'étendue du ton, bien que celle-ci soit des plus restreintes. Clef et étendue :

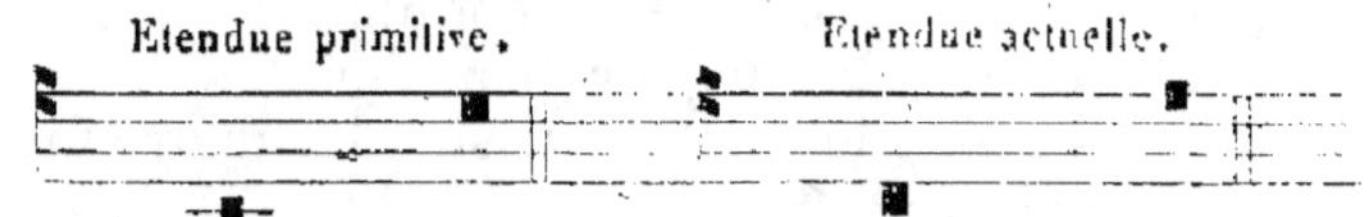

Les pièces du quatrième en E, ont quelquefois une marche embarrassée, mais souvent aussi une expression douce et mélancolique. Les anciens l'appelaient *quartus harmonicus*.

Le quatrième ton irrégulier, en A, c'est-à-dire en *la*, n'est en réalité qu'une transposition du quatrième en E : nous en parlerons bientôt (62).

54. Cinquième ton régulier, en F, Lydien. Dominante *ut*. Finale *fa*, désignée par F. Mode musical *fa* majeur imparfait ; *fa* majeur parfait quand le *si* est bémol. Sa clef est celle d'*ut* sur la seconde ligne, son étendue la gamme de *fa* :

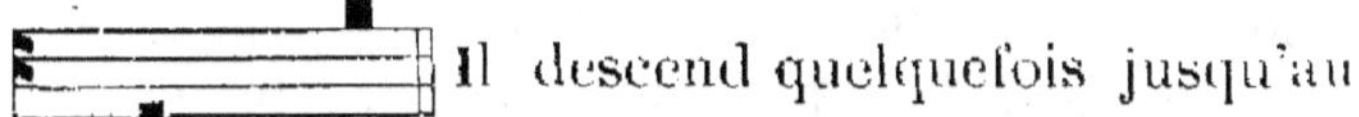

Il descend quelquefois jusqu'au *mi* inférieur, mais il s'élève très-rarement jusqu'au *sol* supérieur. Toutes ses modulations appartiennent à la gamme majeure de *fa* tantôt parfaite, tantôt imparfaite. C'est de tous les tons celui dont la marche est plus facile et plus gaie : aussi lui donnait-on l'épithète *lætus*.

55. L'ancien Ionien *ut*, ré, mi, fa, sol, la, si, *ut*, appelé plus tard onzième ton, puis cinquième

irrégulier, est aujourd'hui presque entièrement confondu avec le cinquième régulier ; du moins il n'est plus considéré comme formant un ton spécial, quoique au fond il ait conservé ses caractères particuliers. On ne le désigne plus qu'en l'appelant cinquième en C. Primitivement sa dominante était *sol*, sa finale *ut*, son mode *ut* majeur parfait ; toutes ses modulations prises dans la gamme d'*ut* majeur ; son étendue l'octave *ut....ut*, sa clef celle d'*ut* sur la quatrième ligne : ♪ Depuis qu'il est transposé en *fa*, il se trouve avoir la dominante, la finale, l'étendue et la clef du cinquième régulier ; mais de plus, il a constamment le *si* bémol à la clef : ♪ ; sa gamme fondamentale est celle de *fa* majeur parfait, et il lui emprunte ordinairement toutes ses modulations. Le *mi* bémol qu'il prend quelquefois accidentellement, le fait passer en *si* bémol majeur. Bien qu'il soit toujours noté en *fa*, F, on continue de l'appeler cinquième en *ut*.

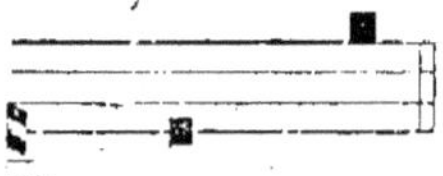

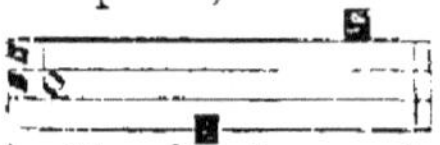

56. Sixième ton régulier, en F, Hypolydien. Dominante *la*. Finale *fa*. Mode musical *fa* majeur imparfait, et *fa* majeur parfait, quand le *si* est bémol. Dans ses modulations, il passe souvent en *ré* mineur. Clef et étendue : ♪

Les morceaux du sixième ton sont communément d'une exécution facile ; leur allure est naturelle : il se prête mieux qu'aucun autre ton à rendre toute sorte de pensées et de sentiments, et en particulier les sentiments doux et affectueux ; c'est pour cela sans doute qu'on l'appelait *sextus devotus*. Toutefois, ces caractères avan-

tageux lui conviennent', surtout lorsqu'il est
en C.

57. Le sixième en C est l'ancien Hypoïonien ,
ou douzième ton (43). Sa dominante était *mi* , sa
finale *ut* , son mode *ut* majeur parfait : il n'en sor-
tait pas ; sa clef et son étendue :

Plus tard , il fut transposé en *fa* , et reçut le nom
de sixième irrégulier, ou sixième en C, pour rappeler qu'il était d'abord en *ut* (5). Il est presque
toujours transposé de la sorte , et alors il a la
dominante , la finale , la clef et l'étendue du

sixième régulier , plus le *si* bémol :

et il est toujours en *fa* majeur parfait , sauf quelques passages , dans lesquels apparaît le *mi* bémol , et qui appartiennent au mode de *si* bémol
majeur ou à celui de *sol* mineur.

58. Septième ton régulier, en G , mixolydien.
Dominante *ré*. Finale *sol* représentée par G. Son
mode musical est *sol* majeur imparfait , parce
qu'il lui manque le *fa* dièse dont le besoin se fait
souvent sentir dans ses pièces. Par suite de l'im-
perfection de son mode et de l'absence du *fa*
dièse, ses modulations passent fréquemment en
ré mineur et en *fa* majeur : de là son nom de
mixolydien, mélange de lydien (μίξις mélange) ,
le mode *fa* majeur étant fondamental dans le
ton lydien (54). Clef et étendue du septième :

Il s'élève même quelquefois jus-
qu'au *la* supérieur ; il se présente aussi, bien que
très-rarement,dans le chant parisien, avec la clef
d'*ut* sur la troisième ligne. Du reste, tou-

tes ces indications de clef que nous donnons ici ne sont que pour le chant de Paris, que nous devons avoir principalement en vue, puisqu'il est celui de notre diocèse : dans le chant romain un même ton change fréquemment de clef, et cela souvent dans le cours d'un même morceau.

Ce ton semble plus propre que tout autre à exprimer les pensées grandes, fortes et sublimes; sa psalmodie a quelque chose d'enlevant ; c'est pour cela sans doute qu'on l'appelait autrefois *septimus angelicus.*

59. Huitième ton régulier, en G, hypomixolydien. Dominante *ut.* Finale *sol.* Quant à son mode musical et à ses modulations, ce ton est un mélange d'*ut* majeur, de *fa* majeur, de *ré* mineur et de *sol* majeur; il finit toujours en *sol* majeur imparfait, par suite de l'absence du *fa* dièse. Parfois sa terminaison semble n'être qu'une suspension à la quinte ou *dominante musicale* (14) d'*ut* majeur, exemple : 

Pour faire parfaitement sentir à l'oreille que ce n'est là qu'un repos imparfait sur la dominante d'*ut* majeur, il suffit de reprendre cette terminaison, et de la conduire naturellement jusqu'à sa tonique musicale qui est *ut*, par l'addition de quelques notes :

L'oreille s'aperçoit aussitôt qu'ici le repos est parfait, et que l'*ut* final était vraiment la tonique (14). Clef et étendue du huitième ton : Quelquefois : Le mélange des différents modes qui entrent dans ses modulations entrave souvent sa marche, qui paraît difficile et embarrassée, mais, à cause de cela même, parfois fière et hardie. Quoiqu'il en soit, on ne voit pas trop comment justifier l'épithète *perfectus*, qui autrefois le distinguait.

60. Parmi les tons dont nous venons d'indiquer les caractères, plusieurs sont appelés *irréguliers* (49, 51, 55, 57); mais, à vrai dire, c'est très-improprement. Ces tons, comme on a pu le voir, ont en réalité la même origine que les autres; ils sont soumis aux mêmes règles; ils ont des caractères entièrement analogues, ils sont donc tout aussi *réguliers*. La dénomination d'*irrégulier* devrait, ce semble, être réservée exclusivement aux morceaux qui se trouvent véritablement en dehors des règles, soit parce qu'ils sortent de l'étendue du ton auquel ils appartiennent, soit parce qu'ils ont au contraire une étendue trop restreinte; soit parce que leur dominante n'est pas assez marquée, ou même n'est pas celle du ton, etc., etc. On rencontre assez fréquemment des morceaux qui sont irréguliers de quelqu'une de ces manières.

61. De ce genre sont les pièces de chant que l'on appelle *mixtes*, et qui constituent les *tons mixtes*: ce sont celles qui appartiennent en même temps à deux modes différents. Les deux tons qui se réunissent ainsi pour former un ton mixte, sont toujours un *supérieur* et son *inférieur* (42): le premier régulier pourra être réuni au second régulier, comme dans le chant de la prose *Victimæ paschali*; le troisième au quatrième; le cinquième au sixième, comme dans le Graduel de la Trinité; le septième au huitième, comme dans la Prose *Lauda Sion*, etc.

62. On pourrait encore regarder avec quelque raison comme vraiment irréguliers, tous les tons simplement transposés (44). Le plus remarquable de tous, et le seul qui forme un ton spécial bien distinct, est le quatrième en A, qui n'est, au fond, qu'une forme particulière du quatrième en E (53) transposée en *la*, A, et légèrement modifiée. La comparaison des deux Antiennes suivantes rendra la chose sensible.

Antienne des Matines de Noël, ancien chant grégorien et chant romain actuel du quatrième en E.

Même Antienne conservée dans le même Office par les auteurs du chant parisien, mais transposée en A.

4. A.

Tous les morceaux du quatrième en A, dans le chant parisien et dans plusieurs autres chants modernes, présentent constamment cette dernière forme, sauf quelques variantes. Une particularité qui ne se rencontre pas dans l'exemple précédent et qui est aussi caractéristique dans ce ton, c'est l'apparition presque inévitable du *si*

bémol vers la fin de la pièce : il se trouve nécessaire pour rendre le *fa*, qui ne paraît également que vers la fin dans la forme primitive. Par
suite de la transposition, la dominante du quatrième en A se trouve être *ré*, sa finale *la*, sa
clef et son étendue :

63. Le chant parisien n'offre qu'un très-petit
nombre d'exemples du quatrième transposé en B,
c'est-à-dire en *si*.

Nous n'y connaissons qu'une seule pièce du
second régulier transposé en G ou en *sol*; c'est
le *Kyrie* des doubles mineurs : la dominante de
ce morceau est *si* bémol.

64. Dans les anciens livres liturgiques, on trouve
les tons du Plain-Chant divisés en *Oxypycni*, *Mesopycni* et *Barypycni*. On appelait *Oxypycni*, ceux dans
lesquels le demi-ton, l'intervalle le plus resserré
(πυκνὸς serré), occupe un degré plus élevé, plus aigu
par conséquent (ὀξὺς aigu), que la tierce inférieure de
la gamme fondamentale ; tels sont le septième ton, le
huitième, et, en un mot, tous les modes majeurs (36).
On appelait *Mesopycni* les tons dans lesquels le demi-
ton occupe le milieu (μέσος mitoyen) de la tierce inférieure dans la gamme fondamentale : tels sont le premier et le second tons réguliers et irréguliers, ainsi que
tous les modes mineurs dont la tierce inférieure est
mineure directe (8). Enfin, on nommait *Barypycni* les
modes dans lesquels le demi-ton se rencontre au degré
le plus grave (βαρὺς grave) de la gamme fondamentale :
de ce genre sont le troisième et le quatrième réguliers,
dans lesquels la tierce inférieure est *mineure inverse*.

65. Les principes fondamentaux exposés dans
ce chapitre n'ont pas toujours été respectés par
les compositeurs de certains plain-chants très-
modernes.

L'auteur d'un bon ouvrage sur la matière qui nous occupe s'en plaint amèrement en ces termes : « Nous avons vu de nos jours de prétendus compositeurs de plain-chant se croyant suffisamment instruits en cette matière, et ignorant complétement la majestueuse naïveté de son origine, écrire, sans mesure ni raison, des choses fades et insignifiantes, en dehors de toute proportion et de toute échelle ; tandis qu'une simple pensée musicale de ces premiers temps, une strophe du *Pange lingua* ou du *Lauda Sion* électrisa toujours des âmes pieuses et réunies pour la prière. » *De l'Harmonie*, etc., par l'abbé Pierre. Page XV.

CHAPITRE V.

DE LA PSALMODIE.

66. La psalmodie est le chant des Psaumes et des Cantiques en usage dans l'Église, ou l'ensemble des règles à suivre dans ce chant.

Il est une sorte de psalmodie qui appartient à la Messe : elle sert pour le verset de psaume et le *Gloria Patri* que l'on chante à l'Introït. Elle est toujours notée tout au long dans les Graduels ; nous n'avons pas à nous en occuper ici. Des chants semblables se rencontrent dans quelques autres parties de l'Office, à l'Aspersion, à la distribution des cendres, au Lavement des pieds, etc.

Nous n'avons à traiter en ce moment que de la

Psalmodie usitée à Matines, à Laudes, à Vêpres, à Complies, aux Heures, aux Bénédictions du Saint-Sacrement, etc. Celle-ci est *simple* ou *composée*.

67. La *Psalmodie simple* consiste à chanter les Psaumes *recto tono*, c'est-à-dire sans aucune inflexion de voix, en observant exactement les règles de la prononciation latine (73, 75) et le repos du milieu et de la fin de chaque verset. Exemple :

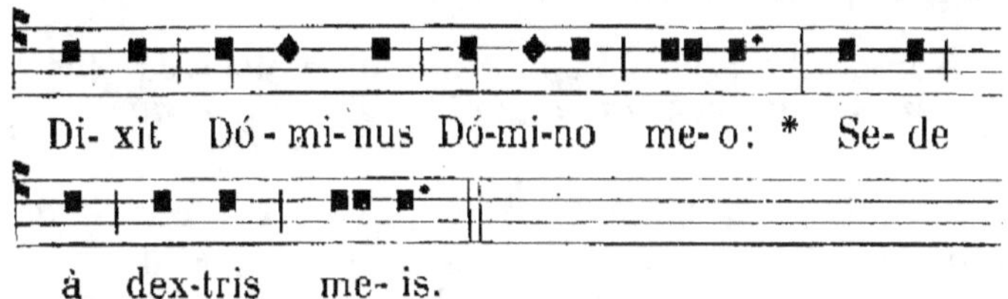

La Psalmodie simple ne présente pas d'autre difficulté. Nous n'avons donc qu'à exposer ici les règles de la *Psalmodie composée*.

I. Notions préliminaires.

68. Il y a quatre choses à distinguer dans la Psalmodie composée ; ce sont comme les quatre parties qui la constituent : *l'intonation*, la *teneur*, la *médiation* et la *terminaison*.

L'*intonation* est le chant des premières syllabes d'un verset de Psaume ou de Cantique. Chaque ton a son intonation spéciale ; et de plus le second régulier et le huitième en ont de particulières pour les Cantiques Évangéliques : on en trouve le tableau à la fin du Bréviaire et du Vespéral. L'intonation ne doit se faire qu'au premier verset du Psaume ou Cantique ; tous les autres doivent se commencer simplement par la teneur (69). Le Bréviaire excepte les Cantiques Évangéliques, quand le chœur alterne chaque verset avec l'orgue, sans cependant les chanter en faux-bourdon ; alors le chœur doit répéter l'intonation à chacun des versets qu'il chante.

On appelle *intonation liée* celle où deux notes doivent être réunies sur une même syllabe, et *intonation non-liée* celle où chaque note se trouve sur une syllabe différente. Toutes les intonations des tons irréguliers sont liées ; quant aux tons réguliers :

Non ligat octavus, quintus simul, atque secundus ;
Verùm aliis in quinque, notas unire memento.

69. La *teneur* est cette partie du chant d'un Psaume, qui règne depuis la fin de l'intonation jusqu'au commencement de la *médiation* (70), et depuis la fin de la médiation jusqu'au commencement de la *terminaison* (70). La teneur est simplement la dominante (47) du ton, répétée autant que l'exige la longueur du verset : le premier en A, le sixième en C, et le chant du second propre au *Miserere*, ont seuls une seconde teneur après la médiation. Au reste, cette partie de la Psalmodie ne présente aucune difficulté.

70. La *médiation* est la modulation qui termine le chant de la première partie du verset et conduit à la *médiante*, petite pause indiquée par un astérisque *.

La *terminaison* est la modulation par laquelle finit le chant du verset.

La médiation et la terminaison sont les parties les plus difficiles de la Psalmodie ; les règles qui vont être exposées (77) les auront principalement pour objet.

71. Chaque ton a, d'ordinaire, plusieurs terminaisons ; on les distingue par les lettres qui représentent leur note finale (5). Les lettres majuscules sont affectées aux terminaisons *complètes* et *plus que complètes* : une terminaison est *complète* quand sa finale est la finale même du ton ; elle est *plus que complète* quand c'est une note inférieure à celle-là. Les lettres minuscules désignent les terminaisons *incomplètes*, c'est-à-dire celles dont la dernière note est plus élevée que la finale du ton. Le J, bien qu'il ne représente aucune note, a été choisi pour indiquer une terminaison du premier ton dont les dernières notes, surtout dans l'ancienne écriture (22), rappellent un peu la forme de cette lettre.

Les lettres majuscules ou minuscules, qui désignent certaines terminaisons, se présentent tantôt sous une forme, tantôt sous une autre : ainsi, la terminaison en *fa* du premier ton régulier se marque quelquefois f. et d'autres fois *f;* la terminaison en *la* du même ton se marque tantôt a, tantôt *a*. Ces formes différentes de la même lettre annoncent les différentes manières dont l'Antienne devra commencer : le détail de ces diverses formules obligées pour le commencement des Antiennes serait ici trop long ; on peut les étudier dans les *Anciens Antiphonaires*. Les compositeurs de *chants nouveaux* ne les ont pas toujours observées ; peut-être ne les ont-ils pas toujours connues. Il est à regretter que, dans les dernières éditions de la liturgie parisienne, ces lettres de forme différente aient souvent été mises l'une pour l'autre.

Il serait bien à désirer que tous ceux qui, par état, sont dévoués au chant des divins Offices, possédassent parfaitement le tableau détaillé des intonations, médiations et terminaisons propres à chaque ton, lequel se trouve à la fin des Bréviaires et des Vespéraux. Dans la nouvelle édition du Bréviaire, en 1836, on a supprimé les chants propres des cantiques évangéliques, au second ton en A, et au sixième en C et en *C*.

Les voyelles *e, u, o, u, a, e,* qui se trouvent placées sous les notes des terminaisons, et qui embarrassent quelquefois les commençants, ne sont qu'une manière abrégée d'écrire *seculorum amen,* derniers mots du *Gloria Patri.*

72. Le chant n'étant qu'un moyen d'exprime plus parfaitement les pensées et les sentiments divers, qu'un langage plus parfait, il ne doit point corrompre la prononciation du langage ordinaire, mais au contraire la rendre plus parfaite, plus harmonieuse. C'est pour cela que les principes de la prononciation latine sont fondamentaux en Psalmodie : nous devons les rappeler brièvement.

Il n'est point ici question de ce que l'on pourrait appeler la *qualité* et la *forme* du son à donner à chaque voyelle et à chaque syllabe latine ; en parler, ce serait nous écarter de notre but. Et, d'ailleurs, il paraît assez évident que la manière dont la multitude des hommes instruits prononce le latin en France, doit, à cet égard, faire loi. Si donc, l'on demandait comment prononcer les mots *intende, injustus, Baptista, sanctus,* etc.; il suffirait, ce semble, de répondre qu'en France la multitude des hommes instruits prononce : *aintaindé, ainjustus, Baptista* et non *Batista, sanktus* et non *santus.*

73. Il ne s'agit en ce moment que de la durée, de la quantité, ou plutôt de l'*accentuation* des syllabes latines. Dans les mots latins, il est des syllabes sur lesquelles il faut appuyer davantage, tandis que l'on doit couler plus légèrement sur les autres : les premières sont dites *accentuées;* elles sont, en effet, indiquées par un accent (´), dans nos livres liturgiques, toutes les fois qu'il serait possible de s'y méprendre. Une règle spéciale (78) indiquera comment les accents se distribuent sur les syllabes.

On dit qu'une intonation, médiation ou ter-

minaison est *indépendante des accents*, lorsque ,
dans tous les cas possibles, elle se règle sans y
avoir égard.

74. Quant aux médiations et terminaisons qui
se règlent par les accents, on dit qu'elles en *demandent deux* ou *un*, selon que leur première
note au-dessus de la teneur doit nécessairement
se placer sur le second ou sur le premier accent.

Les accents se comptent en commençant par
la fin de la première et de la seconde partie du
verset.

EXEMPLES :

Médiation du 7.   Médiation du 5.

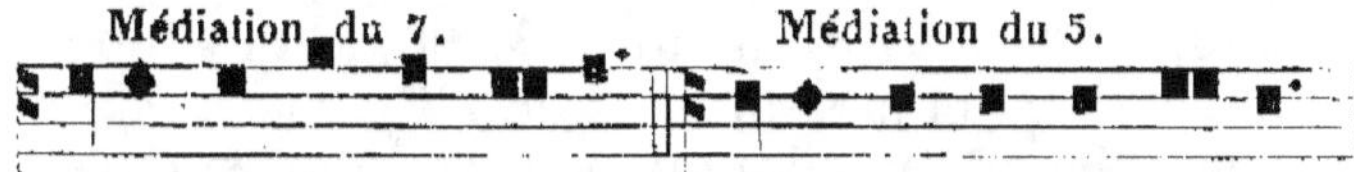

Dóminum óm-nes gén-tes.   Dóminum óm-nes gén-tes.

La médiation du 7. *demande deux accents* ,
parce que le *fa*, première note au-dessus de la
teneur *ré*, doit se trouver sur le second accent,
en comptant de la fin de la première moitié du
verset : *Laudáte Dóminum ómnes géntes.* La médiation du 5. ne demande qu'*un accent*, parce
que le *ré*, première note au-dessus de la teneur
ut, doit se trouver sur le premier accent.

75. On n'admet comme *syllabe brève*, en prononciation et en Psalmodie, que celle qui, étant
brève de sa nature, est pénultième d'un mot de
plus de deux syllabes. Exemples : *Dóminus* ,
aríetes, homínibus, misericórdia; bien que dans
ces mots presque toutes les syllabes soient brèves
de leur nature, les pénultièmes, que nous avons
marquées de ce signe ◡, sont seules considérées
comme brèves ; toutes les autres sont censées
longues, quelques-unes même sont accentuées ,
dans la prononciation latine comme dans la Psalmodie.

76. On dit, en Psalmodie, qu'une syllabe *ne compte pas*, quand on ne doit pas en tenir compte, dans la distribution des notes sur les syllabes.

Régulièrement parlant, la syllabe qui ne compte pas doit être réunie sur la même note avec la syllabe qui la suit.

EXEMPLE :

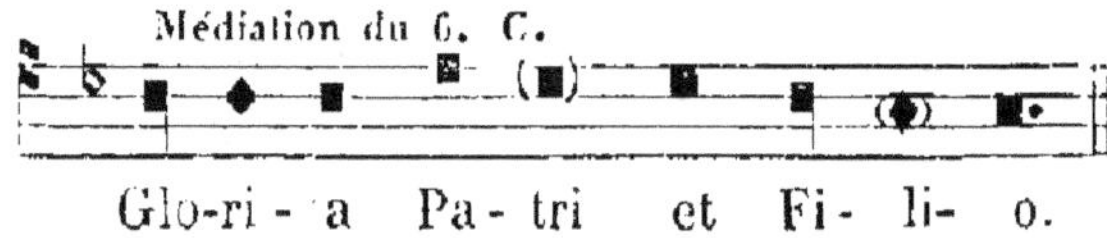

Comme il sera dit bientôt (89, 90), la syllabe *tri* dans *Patri* et la syllabe *li* de *Filio*, *ne comptent pas* dans la médiation ci-dessus ; aussi ont-elles été réunies chacune avec la syllabe suivante sur la même note, qui ainsi s'est trouvée doublée : le *si* et le *sol*, ajoutés par suite de ce redoublement, sont entre parenthèses dans l'exemple.

II. Règles fondamentales de la Psalmodie.

77. Ces règles se rapportent aux trois questions suivantes, auxquelles il n'était pas possible de répondre clairement sans les explications qui précèdent. Quelles syllabes doivent être accentuées ? Comment distribuer les notes du chant sur les syllabes accentuées ? Quelles sont les syllabes qui ne comptent pas (76) ?

QUESTION PREMIÈRE. — *Quelles syllabes doivent être accentuées.*

78. *Les accents se distribuent en rétrogradant, et en commençant par la fin de la première et de la seconde partie du verset.*

Pour accentuer, par exemple, le Psaume *Dixit Dominus*, etc., on prendra séparément, non pas seulement chaque verset, mais chaque moitié de verset : on s'occupera d'abord de la première partie du premier verset, savoir : *Dixit Dominus Domino meo*; et l'on accentuera d'abord *méo*, puis *Dómino*, etc.

79. *Les accents se placent sur toute syllabe qui n'est ni brève (75), ni finale d'un mot, ni voisine d'une syllabe déjà accentuée.*

EXEMPLE : Díxit Dóminus Dómino méo.

Ils se placent également sur un monosyllabe isolé, et sur la dernière syllabe d'un mot barbare indéclinable; mais toujours de manière que jamais deux syllabes accentuées ne se suivent immédiatement.

On appelle *mots barbares*, ceux qui ne sont pas latins, mais hébreux, grecs, etc. Le nom *Jesús*, *Jesú*, *Jesúm*, quoique décliné, reçoit l'accent sur sa dernière syllabe, et le mot *Allelúia*, quoique indéclinable, le reçoit sur sa pénultième.

EXEMPLES : Bénedícat te Dóminus éx Sión.
Crédidi, própter quód locútus súm.
Ex útero ánte lucíferum génui té.
Escam dédit timéntibus sé.
Bénedíctus Dóminus Déus Israél (*).

(*) Une *syllabe longue* et *accentuée* pèut quelquefois se trouver sous une *note brève*, comme dans certaines Proses. Hymnes, etc.; on doit alors, tout en faisant la *note brève*. appuyer sur la syllabe de manière à faire sentir l'accent. Mais jamais une *syllabe brève* ne doit se rencontrer sous une *note longue*.

80. *Plusieurs monosyllabes de suite, sont censés ne former tous ensemble qu'un polysyllabe. Les monosyllabes enclytiques* que, ve, ne, *etc., font partie du mot auquel ils sont joints, et sont considérés comme sa dernière syllabe.*

Exemples : Angelis súis mandávit dé te.
Lætátus súm in hís quæ dicta sunt míhi.
Hymnósne dúlces pátriæ.
Pronóque dúm nox incipit.
Dóminus vobíscum. (*)

Question seconde. — *Comment distribuer les notes du chant sur les syllabes accentuées.*

81. *Toutes les intonations sont indépendantes des accents,* c'est-à-dire qu'elles se règlent sans y avoir égard (73).

Quant aux médiations, *deux accents sont demandés (74) :*

Par celles du 1. A., à partir du second verset ;
du 2. D., dans le chant propre aux
Cantiques Evangéliques ;
du 3. ;
du 4. régulier et irrégulier dans le
chant des Cantiques Evangéliques.
du 6. C. et C.;
du 7. ;
du 8., dans le chant des Cantiques
Evangéliques.

(*) Une incroyable réforme, capable à elle seule de déprecier une edition, a été introduite dans l'accentuation du Psautier in-folio, récemment imprimé à Paris. L'éditeur, trompé sans doute par la règle defectueuse que donnent à cet égard certaines méthodes, a cru devoir sanctionner la mauvaise routine des chantres qui ne savent pas le latin, en accentuant constamment : *timentibus se*, *genúi*, *diligentibus te*, etc.

82. Dans ces tons, *quand la première partie du verset finit par un monosyllabe isolé ou par un mot barbare indéclinable*, comme, vu la disposition des accents, il n'y a pas ordinairement assez de syllabes après le second accent pour faire toutes les notes ;

On supprime toujours la seconde note de la médiation :

Au 1. A., à partir du second verset, et au lieu de descendre au *fa*, on remonte au *la* ;

Au 3. ;

Au 7. ;

Au 6. *C* ;

On retranche deux notes à la médiation du

6. C., qui devient 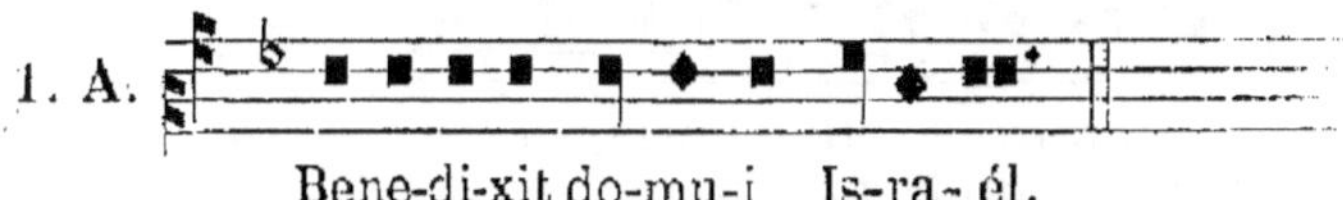

EXEMPLES :

1. A. 

3. 

7.

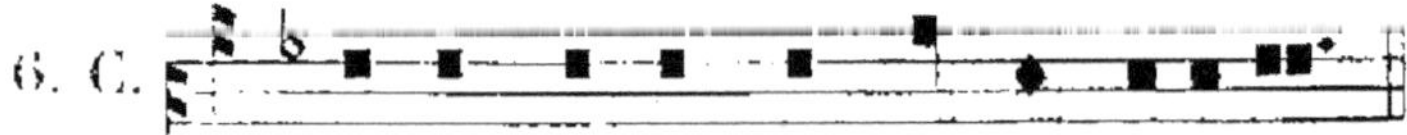

83. Dans le même cas (82), la médiation du 2. A., qui est d'ailleurs indépendante des accents, devient *ut ré mi ut ré.*

EXEMPLE :

(Ce changement, et celui que nous avons fait subir à la médiation du 6. C. au n.º précédent, paraissent résulter des lois d'une rigoureuse analogie : ils ne sont cependant pas universellement admis ; un usage contraire, approuvé par de bonnes méthodes, autorise à ne pas relever ainsi la dernière syllabe de ces médiations : celle du 6. C. demande alors trois accents, et celle du 2. A. se trouve absolument indépendante des accents)

84. Les chants du 2., du 4. et du 8., propres aux Cantiques Évangéliques, ne sont point sujets à ces mutations ; et dans le cas susdit (82), leurs médiations *prennent trois accents.*

EXEMPLES :

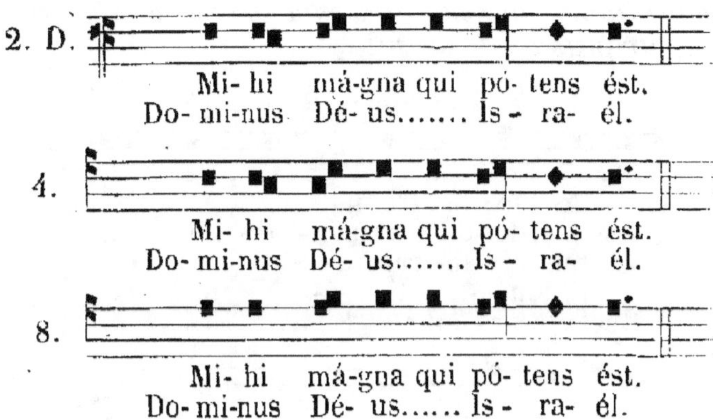

85. *Un accent est demandé* (74) par les médiations

> Du 2. D. ;
> Du 8. ;   } hors le chant des Cantiques Evangéliques.
> Du 4. E. et A.;)
> Du 5.

· Quand la première partie du verset finit par un monosyllabe isolé, ou par un mot barbare indéclinable, chacune de ces médiations *perd sa dernière note, et l'élévation se fait sur le monosyllabe, ou sur la dernière syllabe du mot barbare.*

EXEMPLES :

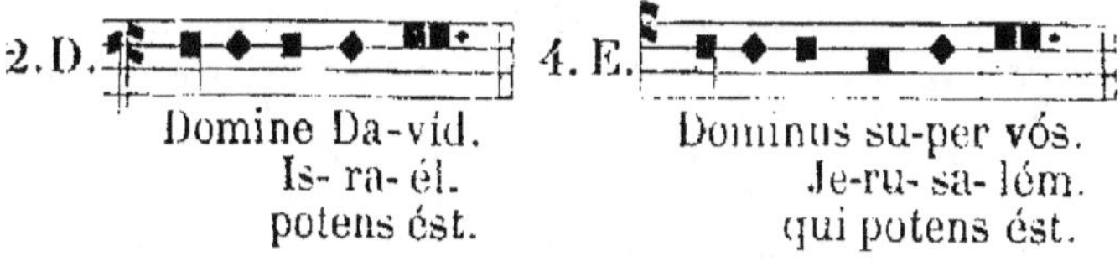

86. Parmi toutes les terminaisons, celles du 7. et celles du 5. F. et a. *sont seules dépendantes des*

accents (73); elles en demandent (74) toujours deux, et trois si le verset se termine par un monosyllabe, ou par un mot barbare indéclinable de plus de deux syllabes.

EXEMPLES :

7. c.

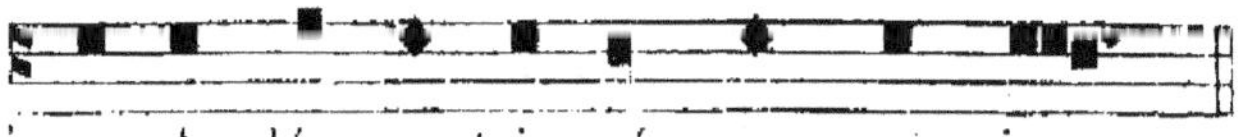

A déx-..... tris mé-............... is.
Es-cam dé- dit ti- mén- ti- bus sé.
Lu- cí- fe- rum gé- nu - i té.
Fru-mén-.... ti sá- ti - at té.
Recorda- ré mur Si-............... ón.

7. G.

Con- gre- gá-.......... ti - ó............ ne.
Lu- cí- fe- rum gé- nu- i té.
Di.......... li- gén- ti-bus té.
Tú- a - ví- ví- fi- cá mé.
Qui cus - tó.......... dit Is- ra...... él.

5. a.

Se- cu- ló - rum....... A............. mén.
Lu- cí- fe- rum gé- nu- i té.
Fru- mén........ ti sá- ti- at té. (*).

QUESTION TROISIÈME. — *Quelles sont les syllabes qui ne comptent pas.*

87. *La syllabe brève ne compte pas (76) lorsqu'elle se rencontre sous deux ou plusieurs notes liées ensemble, ou sous une note qui demande accent.*

(*) Ce n'est que par un oubli singulier des principes et des règles de la Psalmodie, que ces mots se trouvent notés d'une manière toute différente, à la fin du Breviaire et du Vespéral.

EXEMPLES :

Les syllabes brèves, qui ne comptent pas, sont ici renfermées entre parenthèses, aussi bien que les notes qui leur correspondent : on voit que, pour chaque syllabe, on ajoute une brève supplémentaire, qui se joint à la note suivante (76).

88. *La brève et la dernière syllabe d'un polysyllabe ne comptent pas (76), lorsqu'elles se trouvent pénultièmes de la médiation ou de la terminaison.*

EXEMPLES :

Il n'y a d'exception que pour les médiations tronquées, dont il a été question précédemment (82 et 85) ; celles-ci peuvent avoir pour pénultième une brève ou la dernière syllabe d'un mot quelconque.

6

EXEMPLES :

89. *Dans les médiations et terminaisons qui demandent accent, si depuis l'accent sur lequel on s'élève au-dessus de la teneur pour la première fois, il y a assez de syllabes longues (75) pour occuper toutes les notes, on ne fera compter aucune brève.*

EXEMPLES :

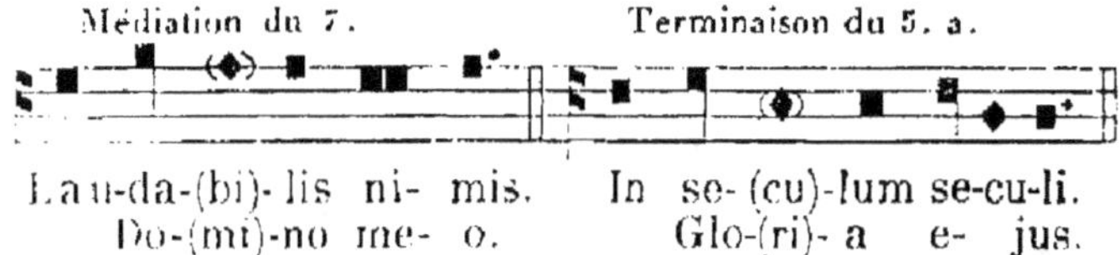

Dans ces exemples, les brèves renfermées entre parenthèses ne comptent pas, parce qu'il se trouve assez de syllabes longues pour occuper toutes les notes : par la raison contraire, les brèves comptent dans les derniers exemples du n.° précédent.

90. *Aux médiations et terminaisons qui demandent accent, on ne fera pas compter la dernière syllabe d'un mot, sur laquelle on aurait élevé la voix au-dessus de la teneur pour la première fois, si la médiation ou terminaison avait été indépendante des accents; on ne la fera pas compter, disons-nous, pourvu qu'il y ait*

assez d'autres syllabes longues pour placer toutes les notes de la médiation ou terminaison.

EXEMPLES :

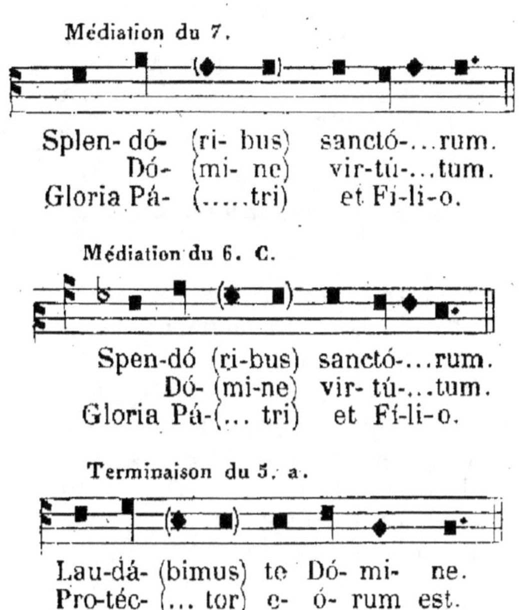

Les deux dernières syllabes de *splendoribus* ne comptent pas : la pénultième, parce qu'elle est brève (87); la dernière, parce qu'après elle il se trouve assez d'autres syllabes longues pour faire toutes les notes de la médiation. La même raison empêche de compter les deux dernières syllabes de *Domine* et de *laudabimus*, la dernière dans *Patri* et dans *protector*.

Dans les exemples suivants, au contraire, on voit compter les dernières syllabes soulignées, parce qu'il n'y a pas assez d'autres syllabes longues pour placer toutes les notes :

EXEMPLES :

III. Remarques Pratiques.

Il se rencontre quelquefois des versets, dont la première ou la seconde partie n'a pas assez de syllabes pour placer toutes les notes du chant. Si cette difficulté se présente à la première partie du premier verset, on commence toujours par faire les notes de l'intonation, et l'on omet la teneur et la médiation si les syllabes manquent.

Une exception introduite par l'usage, est admise pour l'intonation de *Magnificat* du 6 C.; elle se trouve à la fin du Bréviaire, et elle consiste à prendre les dernières notes de la médiation au lieu des premières de l'intonation.

EXEMPLES :

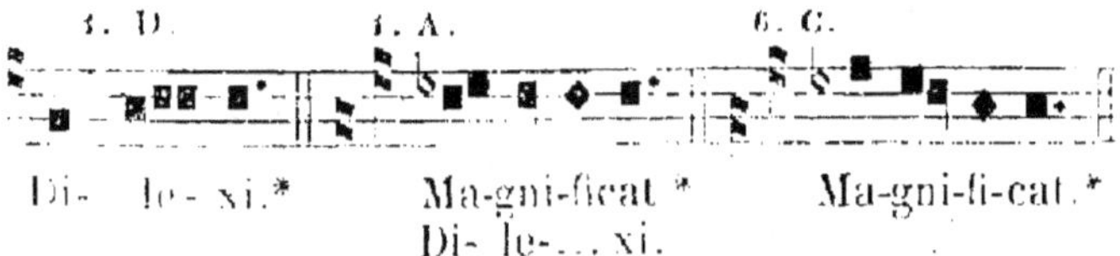

92. Lorsque c'est la seconde partie du verset qui n'a pas un nombre de syllabes suffisant, on ne prend que les dernières notes de la termi-

naisons, uivant le nombre et la qualité des syllabes.

EXEMPLES :

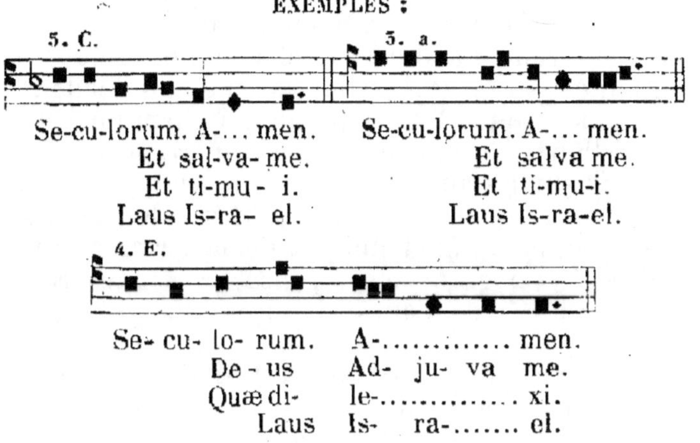

93. La beauté du Plain-Chant résulte principalement de l'*ensemble* des voix qui l'exécutent :
les Psaumes doivent donc être chantés avec un
ensemble parfait, autant que possible. Nous
avons insisté sur la mesure, dans le chapitre
troisième, parce qu'elle est le moyen le plus
propre à procurer cet ensemble si précieux. Mais
il ne peut pas y avoir dans la Psalmodie de mesure proprement dite, de mesure *battue*; le
chant des Psaumes ne doit être qu'un *récitatif
bien prononcé et bien accentué*. Toutefois, rien
n'est comparable à l'effet que produirait la Psalmodie bien exécutée par une masse imposante
de voix.

94. Pour approcher autant qu'il serait à désirer
de cet heureux résultat, celui qui entonne un
Psaume doit donner au premier verset le *mouvement précis* que l'on devra conserver pendant les
versets suivants : ce mouvement sera plus ou
moins grave, selon que l'Office sera plus ou

moins solennel. On fera exactement *toutes les notes du chant, sans y ajouter* aucune de ces prétendues notes d'agrément, qui trop souvent le défigurent. La durée de chaque note sera déterminée par les règles de l'accentuation et de la prononciation (78) : on appuiera un peu plus sur les syllabes accentuées et l'on coulera plus légèrement sur les autres, surtout sur les brèves. On insistera un peu davantage sur les notes de l'intonation, de la médiation et de la terminaison ; celles-ci pourront être à peu près mesurées comme le plain-chant ordinaire (28).

95. La dernière note de la médiation et de la terminaison doit toujours être regardée comme pointée ■ ; c'est-à-dire qu'elle doit durer un temps et demi, et être suivie d'un demi-temps de repos.

La note pénultième de la médiation et de la terminaison sera double ■■, à moins qu'elle ne se rencontre sur une brève ou sur une syllabe qui ne compte pas (88) ; la double se transporterait alors sur l'antépénultième, ou même, si celle-ci ne comptait pas encore, sur la syllabe précédente. Au lieu d'une double, on ne mettrait qu'une carrée à queue ■, si elle devait être suivie d'*une seule* brève ◆. Dans les médiations tronquées ou modifiées à raison du monosyllabe ou du mot barbare qui les termine (82, 83, 85), la note doublée est toujours la dernière.

EXEMPLES :

96. L'ensemble des voix dans le chant des Psaumes dépend surtout de la manière dont on fait les *repos*. Le repos d'un demi-temps est obligé à la médiante indiquée par un astérisque, et à la fin du verset. Pour qu'il se fasse exactement, il faut veiller à ne pas prolonger trop la note pointée ■* qui termine chaque partie du verset, et à ne pas commencer trop tôt la note suivante. Lorsque la psalmodie est plus grave et plus solennelle, et que les versets sont un peu longs, il devient nécessaire de diviser le chant de la teneur en y introduisant un ou plusieurs repos : ces pauses ne doivent jamais couper le sens d'une manière choquante ; elles se font pour cela, autant que possible, à la fin d'un membre de phrase : dans certains Psautiers ces repos sont marqués par un signe particulier (") ; il serait avantageux qu'il en fût ainsi dans tous. Pour ces repos, on ajoute simplement un point à la dernière note qui les précède, et l'on observe après ce point un silence d'un demi-temps.

97. On doit omettre les mots ou même les versets renfermés entre parenthèses au commencement des *divisions* des Psaumes, lorsque ces divisions ne sont pas séparées du verset précédent par une Antienne ou par *Gloria Patri*.

Exemple : Division du Psaume 138. *Confitebor tibi (Domine)*, *quia terribiliter....* Quand le Psaume 138, *Domine, probasti me...* . se chante d'un seul trait avec sa division, on omet (*Domine*), au commencement de celle-ci.

Si celui qui entonne un Psaume ou Cantique vient à se tromper, ou le chant entonné se trouve être un de ceux qui sont reçus dans le diocèse, ou non. Dans le premier cas, on peut continuer le Psaume de la même manière, à moins qu'il ne soit très-facile de reprendre le ton convenable. Dans le second cas, il est nécessaire de revenir au ton convenable, ou du moins à quelque autre ton usité dans le diocèse et se rapprochant davantage de celui qui a été entonné par erreur.

CHAPITRE VI.

QUELQUES OBSERVATIONS IMPORTANTES POUR LA BONNE EXÉCUTION DU CHANT.

98. Trouver le *son* que l'on doit donner à la première note d'un morceau, et déterminer ainsi *convenablement* le son de toutes les notes suivantes, c'est *prendre le ton* de ce morceau. Si l'on prend le ton *au hasard*, il sera souvent trop haut ou trop bas ; le chant perdra par là beaucoup de sa beauté, et la voix sera fatiguée aussi bien que l'oreille. Il est très-important pour un

chœur de connaître le *son* qui occupe à peu près le milieu de l'étendue des voix qui le composent ; c'est sur ce *medium* que le ton du chœur doit être réglé.

99. Généralement parlant, *dans la Psalmodie, la teneur ou dominante doit être placée sur le medium des voix : dans toutes les autres parties du Chant, on y placera la note qui se trouve sur la*

seconde ligne, quelle que soit la clef :

Pour *entonner* convenablement un morceau, il faut, à moins que l'on ne soit d'ailleurs bien exercé, prendre le son *medium* des voix qui doivent le chanter, mettre ce son sur la dominante ou sur la note qui occupe la seconde ligne, et partant de là, monter ou descendre jusqu'à la première note du morceau. S'agit-il, par exemple, d'entonner le Psaume *Dixit Dominus* sur le septième ton, aux vêpres des dimanches ordinaires, on place le son *medium* sur la dominante *ré* et l'on descend à l'*ut*, première note de l'intonation, qui est immédiatement au-dessous.

100. Le moyen le plus sûr pour trouver le *son medium*, est l'emploi du *diapason*, petit instrument qui donne un son fixe et invariable. Nous avons indiqué précédemment la place qu'occupe le *la* du diapason, dans l'échelle diatonique aujourd'hui universellement adoptée (18, 20) : le son même du diapason, pris à l'aigu, est le *medium* des voix de femme et d'enfant ; pris au grave, c'est le *medium* de la voix demi-formée du jeune homme ; pour les voix ordinaires d'homme, leur *medium* est le *sol* grave du diapason ; quant aux grosses voix dont se composent d'ordinaire les chœurs de nos cathé-

drales, leur *medium* est le *fa* ou même le *mi* bémol grave.

Tous les diapasons ne donnent pas le *la* ; on en fait en *mi*, en *sol*, etc ; nous ne parlons que du diapason en *la*, parce qu'il est beaucoup plus commun : il est, du reste, bien clair que les autres peuvent également être employés.

101. Supposons un chœur composé de voix d'homme ordinaires. Chaque fois qu'il s'agira d'y prendre le ton *pour la Psalmodie*, le son *medium* de ce chœur, le *sol grave* du diapason devant être la teneur, il suffira de nommer et de chanter sur le son même du diapason pris au grave, la note immédiatement supérieure à **la teneur**, et de partir de là pour aller à la première note de l'intonation. D'après cela :

		Son du diapason	Descendra au
Au 1 régulier, le son du diapason sera pris pour		*si*	*fa*
Au 1. A.	transposé en *ré*.	*si*.	*la*
	non transposé	*fa*.	*mi*
Au 2. D.		*sol*.	*ut*
Au 2. A.		*ré*.	*ut*
Au 3.		*ré*.	*sol*
Au 4. régulier.		*si*.	*la*
Au 4. irrégulier.		*mi*.	*ré*
Au 5.		*ré*.	*fa*
Au 6. régulier.		*si*.	*fa*
Au 6. C et c.	transposé en *fa*.	*si*.	*fa*
	non transposé.	*fa*.	*ut*
Au 7.		*mi*.	*ut*
Au 8.		*ré*.	*sol*

S'il était question d'entonner *tout autre morceau indépendant de la Psalmodie*, le son du diapason serait alors *si* au 1. régulier, au 3., au 4. rég., au 6. rég. et au 8. ; *sol* au 2. rég. ; *ré* au 5., etc.; en un mot, régulièrement parlant, *toujours la note située entre les deux premières lignes.*

De là, un *instrumentiste* tant soit peu exercé déduira facilement les transpositions qu'il devra faire, pour donner le ton convenable et pour accompagner le chant : il n'oubliera pas que le serpent, l'ophicléide et l'orgue sont montés un ton plus bas que le diapason, de sorte que leur *la* est le *sol* du diapason.

102. Le Psaume et l'Antienne qui le suit ne font qu'un seul tout, qui doit se chanter sans changer de ton. Le ton convenable devrait être pris dès *l'imposition* de l'Antienne, cette imposition n'étant primitivement destinée qu'à donner le ton à celui qui doit entonner le Psaume, ou même à tout le chœur, s'il s'agit d'un autre morceau.

103. L'*imposition* se fait en chantant seulement le commencement du morceau, jusqu'à la double barre qui ordinairement marque l'endroit où il faut s'arrêter ; elle a une terminaison particulière. Il n'y a guère qu'au commencement des Antiennes que cette terminaison ne se trouve pas notée toutes les fois qu'elle doit avoir lieu. Elle peut se faire de trois manières.

Par *périélèse* (περίελεω circumeo), lorsque l'on ajoute immédiatement avant la dernière note de l'imposition deux notes, l'une un degré au-dessus, l'autre un degré au-dessous.

EXEMPLE :

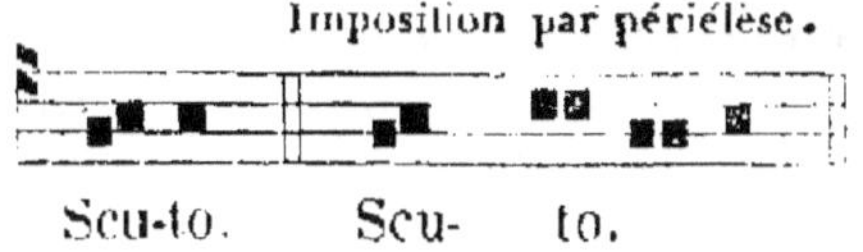

Par *diaptose* (διαπτωσις chute), en ajoutant deux notes, la première, simple carrée, au même degré que la dernière note de l'imposition, la seconde, carrée double, un demi-ton au-dessous de cette dernière note.

EXEMPLE :

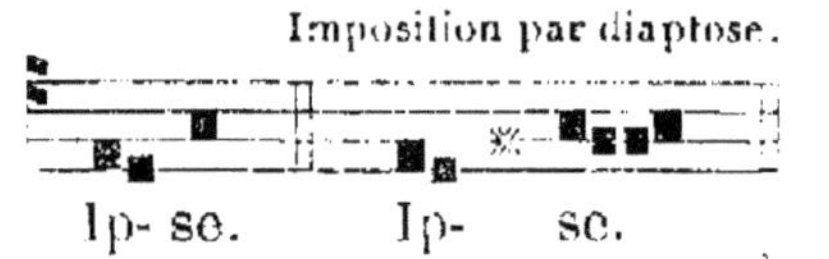

Par *prolongement*, lorsque l'on se contente de prolonger l'avant-dernière note de l'imposition, ou quelquefois d'ajouter une note double avant cette dernière :

EXEMPLES :

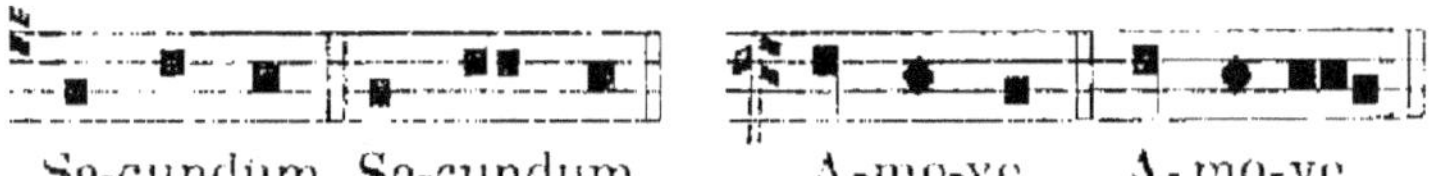

Cette troisième sorte d'imposition n'est en usage qu'aux Offices pour les défunts et à Ténèbres : dans tous les autres Offices, on emploie l'imposition par périélèse ou par diaptose, selon que l'intonation se prête mieux à l'une ou à l'autre.

Dans les intonations des Hymnes et des Proses, toutes ces cadences sont ordinairement du plus mauvais effet, et paraissent devoir être supprimées.

104. Il va sans dire qu'un Office chanté de manière à ne pas *observer exactement les rubriques*, ne serait pas chanté comme il doit l'être, le chant fût-il d'ailleurs exécuté par des voix ad-

mirables et avec une rare perfection. Ainsi, ce qui doit être chanté par un seul chœur, ne sera pas chanté par les deux chœurs réunis, *et vice versâ*, etc. Mais quelque mauvaises que soient les voix, pourvu qu'elles ne soient pas absolument fausses, un Office chanté *régulièrement et avec goût* plaira toujours et sera propre à porter à la piété.

105. Pour *chanter avec goût*, il faut donner sa voix toute naturelle, sans jamais la forcer ; on doit plutôt chercher à l'adoucir, s'il est nécessaire ; s'abstenir de ces tremblements et de ces coups de gosier tantôt forts, tantôt faibles, réprouvés par le bon goût ; prendre garde de donner au son un caractère trop guttural ou trop nasal ; éviter constamment l'affectation ; et, si l'on ne chante pas seul, s'efforcer de procurer l'ensemble et l'unité dans le chant.

106. La prononciation doit être correcte et bien articulée ; on évitera de séparer les notes et les syllabes par des coups de voix et des aspirations, telles que *ha, ha, hé, hé* ; on n'ajoutera aucune voyelle, on n'en changera aucune : ainsi, pour chanter *a*, on ne chantera pas *ua*, ni *ué* pour *é* ; on ne dira ni *kyriè*, ni *kyria*, ni *bénédicteus*, etc.

Lorsqu'une syllabe est terminée par une consonne et que l'on a plusieurs notes à chanter sur cette syllabe, on ne fera sentir la consonne qu'à la dernière note : si cependant cette consonne donnait à la voyelle qui la précède un son nasal, on devrait la faire sentir, quoique plus légèrement, à toutes les notes. Enfin, la prononciation doit être telle que l'on entende parfaitement toutes les paroles chantées.

107. La respiration ne doit jamais interrompre la mesure : ce n'est pas un petit mérite pour un chantre que celui de ne respirer jamais mal à propos. En général, *on peut respirer après chaque mot et après chacune des notes liées sur une même syllabe, excepté la dernière de ces notes.* De cette sorte, la respiration ne coupera jamais les mots, et l'on évitera un des défauts les plus désagréables dans le chant. Pour qu'elle n'interrompe pas la mesure, il suffit de prendre sur la durée de la note précédente le temps que l'on emploie à reprendre haleine.

108. On appelle *élision* le retranchement de certaines lettres à la fin des mots terminés par une voyelle ou par une voyelle suivie d'une *m*, quand le mot suivant commence par une voyelle. L'élision ne se fait que dans le chant des Hymnes et des Proses : toutes les fois qu'elle doit avoir lieu, les lettres à élider sont imprimées en caractères italiques, et l'on chante alors comme si les lettres écrites en italique n'existaient pas.

EXEMPLES :

	ON CHANTE :	
Manavit un*da* et sanguine.		Manavit und'et sanguine.
Arbor decor*a* et fulgida.		Arbor decor'et fulgida.
Lucem prom*e* animis.		Lucem prom'animis.
Cœli luc*em* habitabimus.		Cœli luc'habitabimus.

109. Le *laisser-aller* avec lequel on chante trop souvent, sans se mettre en peine de faire exactement les notes ni d'observer la mesure, et la *déplorable manie d'ajouter presque sans cesse de prétendues notes d'agrément*, telles sont les deux causes qui contribuent peut-être plus que tout le reste à procurer la mauvaise exécution du Plain-Chant et à le défigurer. Les signaler,

c'est en indiquer assez le remède. On ne saurait trop tenir à chanter le Plain-Chant *tel qu'il est,* sans le changer en aucune manière, à moins qu'il ne s'agisse de corriger quelqu'une de ces fautes évidentes qui ne se rencontrent que trop fréquemment dans nos livres.

110. Bien que la mesure soit indispensable pour la plupart des morceaux de chant, il est certaines parties de l'Office, d'ailleurs admirables, qui perdraient beaucoup et seraient à peine supportables, si on les chantait en battant et en marquant la mesure. Tels sont les chants de l'*Exultet,* à l'Office du Samedi-Saint, des Préfaces, du *Pater*, des Epitres et des Evangiles, des Leçons, des Oraisons, etc. Pour ces morceaux, et pour tous ceux qui peuvent être regardés comme des *récitatifs*, on doit observer ponctuellement les règles de l'accentuation et de la prononciation latine, se conformer exactement aux notes du Missel ou du Bréviaire pour les inflexions de voix; chanter, autant que possible, avec intelligence et sentiment.

111. Il faut une attention particulière, surtout dans les commencements, pour conserver à la mesure, soit dans le cours de l'Office, soit dans un même morceau, un mouvement égal et uniforme, sans accélération ni ralentissement : la beauté du chant dépend de là en grande partie.

Il est à remarquer cependant que toutes les parties de l'Office ne doivent pas avoir absolument le même mouvement. L'*Introït* doit se chanter un peu plus vite la seconde fois que la première; le *Sanctus* doit toujours être exécuté de manière à finir un instant avant la Consécration; le chant de l'*O salutaris* après l'Elévation sera toujours lent et grave, et durera jusqu'à la petite Elévation qui précède le *Pater ;* le chant de l'Offertoire, régulièrement parlant, doit occuper tout le temps qui s'écoule depuis le moment où on l'entonne jusqu'à la Préface ; l'*Agnus Dei* devrait remplir tout l'intervalle qui sépare son intonation de celle de la Communion. Les Cantiques Évangéliques demandent un chant toujours un peu plus solennel que celui des Psaumes qui les ont précédés. Enfin, aux Bénédictions du S. Sacrement, la mesure doit également avoir quelque chose de plus solennel que dans le reste de l'Office.

112. L'accompagnement du Plain-Chant, soit par les instruments, soit avec les accords empruntés à l'harmonie moderne aurait pu nous fournir la matière d'un chapitre intéressant, si nous n'avions pas craint d'allonger encore cet exposé déjà trop étendu. Disons seulement sur ce sujet que les deux observations qui suivent nous semblent très-importantes. En premier lieu, l'*accompagnement, quel qu'il soit, doit toujours laisser entendre parfaitement les paroles que l'on chante.* En second lieu, *une harmonie grave, sévère, ne procédant autant que possible que par accords parfaits, est presque toujours la seule qui convienne pour accompagner le Plain-Chant.* La Psalmodie bien exécutée en faux-bourdon peut produire les plus grands effets. Le faux-bourdon, inventé, dit-on, par Gui d'Arrezzo au XI.ᵉ siècle, n'était dans le principe qu'une harmonie vraiment fausse : chaque partie faisait exactement le même chant ; mais l'une sur le ton du chœur, l'autre une tierce au-dessous, la troisième une sixte au-dessus. Nos faux-bourdons modernes, conformes aux règles fondamentales de l'harmonie, sont bien préférables.

CHAPITRE VII.

DE LA MANIÈRE D'ÉTUDIER LE PLAIN-CHANT.

113. Il est peu de voix, même parmi celles que l'on appelle *fausses*, qui, avec du temps, de la patience et de l'exercice, ne puisse parvenir à chanter passablement. Quant à celui qui, à des dispositions seulement ordinaires pour le Plain-Chant unira un peu de bonne volonté et de travail réfléchi, il deviendra bientôt assez fort, et passera pour un maître habile dans cet art aujourd'hui si généralement négligé. Avoir un bon guide et bien suivre ses leçons, tel est en deux mots, pour le Chant comme pour mille autres choses, le meilleur moyen de faire de rapides progrès et de réussir.

114. On pourrait, peut-être avec avantage, adopter la marche suivante, toujours avec le secours d'un maître. Autant que possible, ne pas séparer la théorie de la pratique; chercher toujours à se rendre compte des particularités que l'on rencontre : c'est le moyen d'acquérir du Chant une science complète et solide infiniment supérieure à la connaissance de pure routine, la seule que possèdent le plus souvent les chantres mêmes qui jouissent d'une réputation d'habileté.

115. Après avoir appris ce que c'est que le Chant, de quels sons il se compose, s'exercer tout d'abord et avec persévérance *à chanter seul* la gamme naturelle, se rendre raison des intervalles qui la composent, de l'origine des syllabes *ut*, *ré*, *mi*, etc. (1...8); étudier la formation des différentes gammes et les principes qui s'y rattachent (9...14); se rendre familier tout ce qui entre dans la notation du Chant (15...25); en même temps, s'exercer à lire avec promptitude et facilité les notes sur toutes les clefs, d'abord en les nommant simplement sans les chanter. Lorsque l'on saura bien lire de la sorte, chanter et répéter les exercices suivants, ou autres semblables, jusqu'à ce qu'on n'y trouve plus aucune difficulté.

EXERCICES.

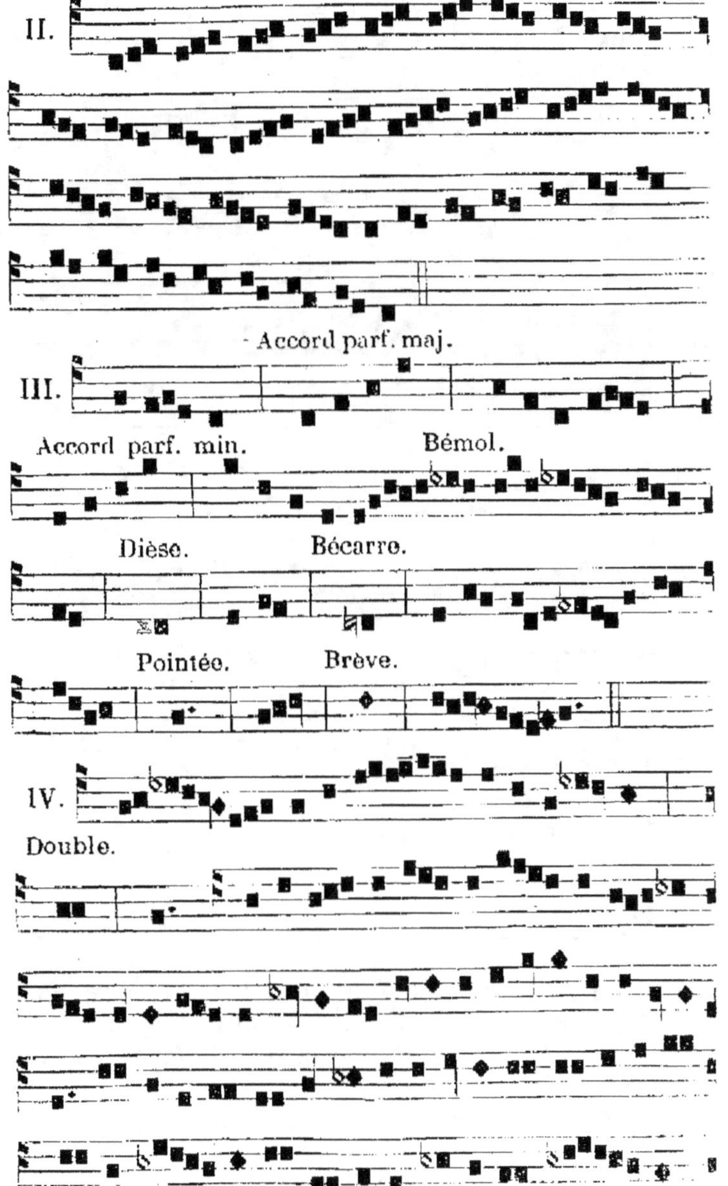
II.
Accord parf. maj.
III.
Accord parf. min.
Bémol.
Dièse.
Bécarre.
Pointée.
Brève.
IV.
Double.

116. Le premier soin du maître doit être alors de former la voix de ceux dont il dirige l'étude; c'est-à-dire de leur apprendre à émettre des sons justes, égaux entre eux, et contenus dans les limites naturelles de l'organe (*).

* Les cours de Musique et de Plain-Chant sont souvent sans aucun résultat, parce qu'on ne s'y occupe pas avec

Dès que l'on sera parvenu à solfier avec quelque assurance ces Exercices, on s'appliquera, avec le secours du maître qui battra la mesure, à donner leur valeur propre aux différentes notes qui les composent, bien que l'on n'approfondisse pas encore le chapitre de la mesure.

Telles sont les premières études dont on pourrait s'occuper dans une classe de commençants, et il est très-important, pour qui veut étudier le Chant d'une manière consciencieuse, de ne point passer aux notions suivantes sans posséder parfaitement celles qui précèdent.

117. Dans une division supérieure, on s'appliquerait à solfier parfaitement en mesure toute sorte de morceaux. Pour cela, on s'attacherait d'abord à bien posséder la théorie de la mesure (26-34); cette partie demandera souvent un long et persévérant exercice. On commencerait, en même temps, à séparer les sons des notes de leurs noms; et, pour y parvenir plus facilement, après avoir solfié un morceau on le répétera en disant *a* ou *o* sous toutes les notes (*). Un peu plus tard, on chantera les paroles dans les pièces les moins difficiles. Dans la même division on pourrait voir en partie la théorie des divers modes (35-48). On apprendra de mémoire les intona-

____

une attention éclairée de former l'organe vocal, de le développer, de l'égaliser, de l'assouplir ; c'est là le point important, capital, et la base de tout cet enseignement.... L'expérience m'a démontré qu'il fallait commencer par former l'organe vocal, l'habituer à se développer dans son étendue naturelle, l'exercer au passage de la voix de poitrine a la voix de tête, à la respiration. (*Danjou*; De l'état et de l'avenir du Chant. P. 38.)

(*) Pour ces travaux préliminaires la vocalisation de la gamme sur une voyelle est un exercice indispensable, et dont le résultat est certain. *Danjou* ; *ibid.*

tions, médiations et terminaisons de la Psalmodie, réunies à la fin du Vespéral et du Bréviaire, de manière à pouvoir les chanter sans hésitation, au moins sur le premier verset de chacun des Psaumes des Vêpres du dimanche.

118. Enfin, dans une classe supérieure encore à la précédente, on devra achever d'approfondir la théorie des modes et les règles de la Psalmodie (48...65. 66...97) ; faire des applications fréquentes de ces dernières aux versets les plus difficiles des Psaumes ; s'exercer à reconnaître le ton d'un morceau sans en avoir vu l'indication au commencement ; ne pas dédaigner de solfier quelquefois les morceaux difficiles ; prendre le ton et battre la mesure soi-même sans le secours du maître ; s'appliquer constamment à mettre en pratique les observations réunies précédemment dans le chapitre sixième (98...111); s'exercer à bien chanter les Leçons, les Épitres, les Évangiles, les Préfaces, etc. ; se donner même la peine de relire parfois les principes que l'on a dû apprendre dans les divisions inférieures.

119. Lorsqu'une classe de Chant est composée de plusieurs élèves, il leur sera presque toujours beaucoup plus avantageux de ne chanter qu'un à un. Un bon maître de Chant doit reprendre inexorablement toutes les fois qu'une faute a lieu, surtout dans les divisions supérieures ; et, s'il veut que ses corrections soient vraiment profitables, il n'indiquera pas seulement la manière dont il fallait faire, mais aussi comment on s'est trompé : par exemple, à celui qui au lieu de *ut sol* chantera *ut fa*, il ne se bornera pas à suggérer l'intervalle *ut sol*, il lui fera de plus remarquer qu'il se trompait en chantant *ut fa*.

120. Pour chanter toujours conformément aux bonnes règles, il est indispensable de se tenir sans cesse en garde contre *la routine*, irréconciliable ennemie de la régularité : le moyen le plus efficace pour cela paraît être de s'habituer à penser toujours un peu aux notes que l'on chante dans le moment et aux principes dont on fait actuellement l'application.

A. M. D. G.

TABLE DES CHAPITRES.

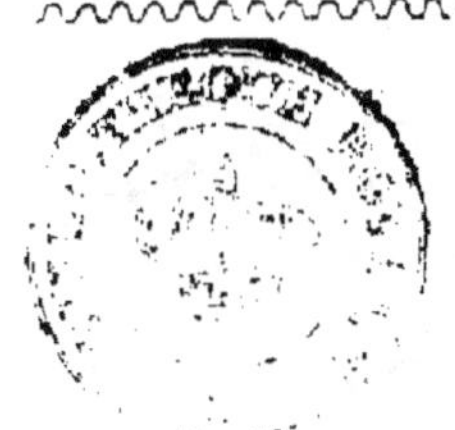

OFFICE

DU

SACERDOCE DE N.-S. J.-C.

A LA MESSE.

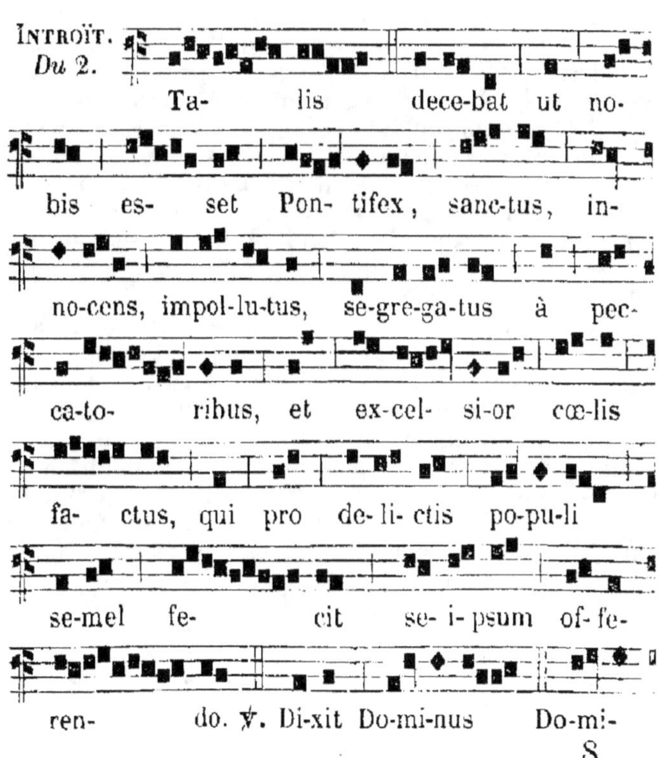

S

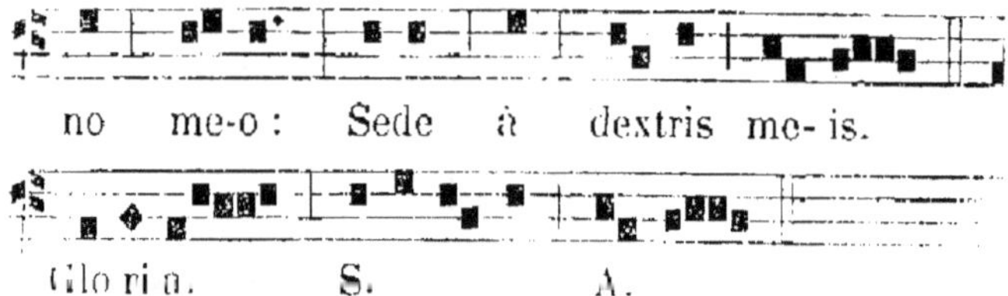

ORAISON

Deus, qui ad majestátis tuæ glóriam et géneris humáni salútem, Unigénitum tuum summum constituisti Sacerdótem : præsta, ut quos mysteriórum suórum elégit cooperatóres et dispensatóres, ministérium quod accepérunt, fidéliter ímpleant ; Per eumdem.

Léctio Epístolæ beáti Pauli Apóstoli ad Hebræos. *Ch.5.*

Fratres ; Omnis Póntifex ex homínibus assúmptus, pro homínibus constitúitur in iis quæ sunt ad Deum, ut ófferat dona et sacrificia pro peccátis ; qui condolére possit iis, qui ignórant, et errant : quóniam et ipse circúmdatus est infirmitáte : et proptérea debet, quemádmodum pro pópulo, ita étiam et pro semetipso offerre pro peccátis. Nec quisquam sumit sibi honórem, sed qui vocátur à Deo, tanquam Aaron. Sic et Christus non semetipsum clarificávit ut póntifex fíeret ; sed qui locútus est ad eum : Fílius meus es tu ; ego hódie génui te. Quemádmodum et in álio loco dicit : Tu es sacerdos in ætérnum secúndum órdinem Melchísedech. Qui in diébus carnis suæ, preces supplicationésque ad eum qui possit illum salvum fácere a morte, cum clamóre válido et lácrymis ófferens, exaudítus est pro sua reveréntia. Et quidem cum esset Fílius Dei, didicit ex eis quæ passus est obediéntiam, et consummátus factus est ómnibus obtemperántibus sibi causa salútis ætérnæ, appellátus à Deo Póntifex juxta órdinem Melchísedech : de quo nobis grandis sermo, et ininterpretábilis ad dicendum.

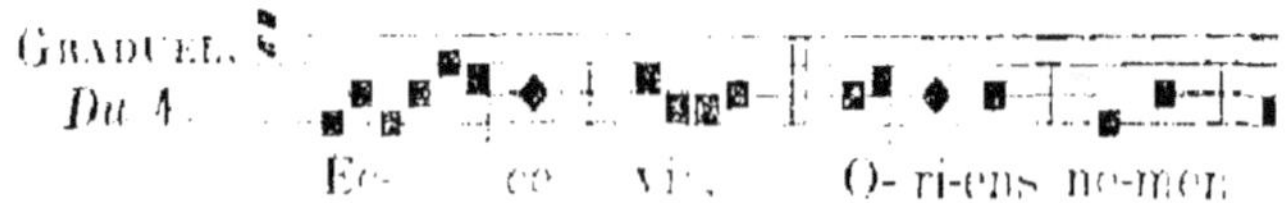

e- jus: i-pse ex-tru-et templum Do-
mi-no, et i- pse do-mi-na-
bi-tur su- per so- li- o su- o,
et e- rit sa-cer- dos.
℣. Ta-lem ha- be- mus Pon- ti-
fi-cem qui con-se- dit in dexte-ra sedis
magni-tu-di-nis in cœ- lis, san-cto-rum
mi- ni-ster, et ta-ber-na-cu-li ve-ri quod
fi- xit Do- mi-nus, et non ho-
mo.
Du 5. C.
Al- le- lu- ia, al-le- lu-
ia. ℣. Chri- stus, e-

o quod ma-ne-at in æ-ter- num, sem-
pi-ter- num ha- bet. sa- cer- do-
ti- um.
Prose. Du 5. C. 3
1. Le- gis no-væ spe-cta do-tem, De-
um ha- bet Sacerdótem, De-um sa- cri- fí- ci-
um. 2. Qui nos o-lim præces-sérunt Fide Chri-stum
obtu- lérunt In pec - cá- ti pré-ti- um. 3. Jam
in san-cta pe-ne- trá-vit, Vir do- ló-rum, per-
me- á- vit Tem-pli Christus in- ti- ma. 4. Super
aras hic li- tá- ta, Hæc in cœ-lis stat ma-
ta- ta. Super thronum víc-ti- ma. 5. Quæ cir-
cumstat prostra-tó-rum Turba sa-cra se- ni-

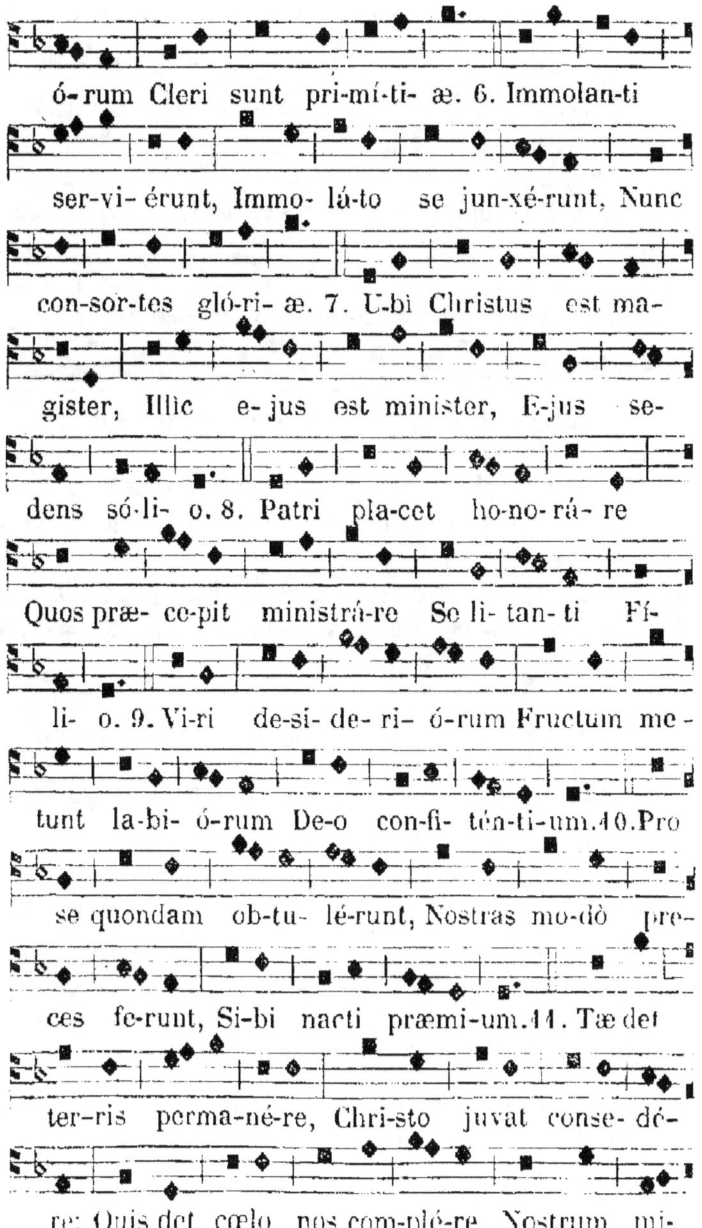
ó-rum Cleri sunt pri-mí-ti- æ. 6. Immolan-ti
ser-vi- érunt, Immo- lá-to se jun-xé-runt, Nunc
con-sor-tes gló-ri- æ. 7. U-bi Christus est ma-
gister, Illic e- jus est minister, E-jus se-
dens só-li- o. 8. Patri pla-cet ho-no-rá- re
Quos præ- ce-pit ministrá-re Se li- tan- ti Fí-
li- o. 9. Vi-ri de-si- de- ri- ó-rum Fructum me-
tunt la-bi- ó-rum De-o con-fi- tén-ti-um. 10. Pro
se quondam ob-tu- lé-runt, Nostras mo-dò preces fe-runt, Si-bi nacti præmi-um. 11. Tæ det
ter-ris perma-né-re, Chri-sto juvat conse- dé-
re: Quis det cœlo nos com-plé-re Nostrum mi-

Sequéntia sancti Evangélii secundùm Lucam. *Ch.* 22.

In illo tempore : Discúbuit Jesus et duódecim Apóstoli cum eo, et ait illis : Desidério desiderávi hoc Pas-
cha manducáre vobiscum ántequam patiar. Dico enim

vobis, quia ex hoc non manducábo illud, donec impleátur in regno Dei. Et accepto cálice, grátias egit , et dixit : Accípite et divídite inter vos : dico enim vobis, quod non bibam de generatióne vitis donec regnum Dei veniat. Et áccepto pane, grátias egit, et fregit, et dedit eis dicens : Hoc est corpus meum quod pro vobis datur : hoc fácite in meam commemoratiónem. Simíliter et cálicem, postquam cœnávit, dicens : Hic est calix novum testamentum in sánguine meo, qui pro vobis fundétur.

SECRÈTE.

Pontifex magnus, qui penetrávit cœlos, et pro sua exauditur reveréntia, múnera nostra tibi, Dómine, reddat accepta, sibíque adjungat victimas quos sacerdótii sui múniis dignátus est, sociáre ; Qui tecum.

PRÉFACE.

Verè dignum et justum est, æquum et salutáre, nos tibi semper et ubíque grátias ágere, Dómine sancte ; Pater omnípotens, ætérne Deus, per Christum Dóminum nostrum ; Qui víctima sacerdótii sui, et sacerdos suæ víctimæ tibi Patri suo seipsum primus óbtulit, et hoc fíeri per ministrórum manus in suî commemoratiónem præcépit ; et quos mysteriórum suórum facit dispensatóres, post complétum dignè ministérium glóriæ suæ jubet esse consortes. Et ideò, cum Angelis et Archángelis, cum Thronis et Dominatiónibus, cumque omni milítia cœlestis exércitûs, hymnum glóriæ tuæ cánimus sine fine dicentes : Sanctus, etc.

Postcommunion.

Vivíficam hóstiam, quam summus Póntifex Christus per nostrum ministérium tibi immolávit sumentes, quæsumus, Dómine, ut grátia ex hoc ineffábili sacrifício défluens péctora nostra sanctâ dilectióne inflammet, et virtútum ómnium donis sic nos abundáre fáciat, ut tantùm excellámus áliis mérito, quantùm ipsos præstámus dignitáte ; Per cumdem.

AUX SECONDES VÊPRES.

Psaumes du Dimanche , excepté le dernier qui est Memento avec sa Division, le Samedi à Vêpres.

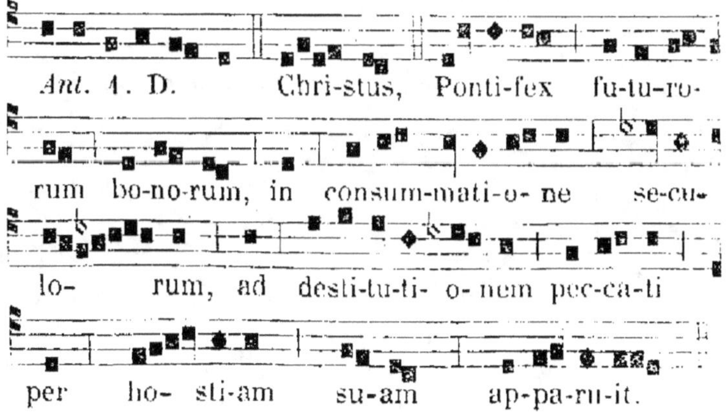

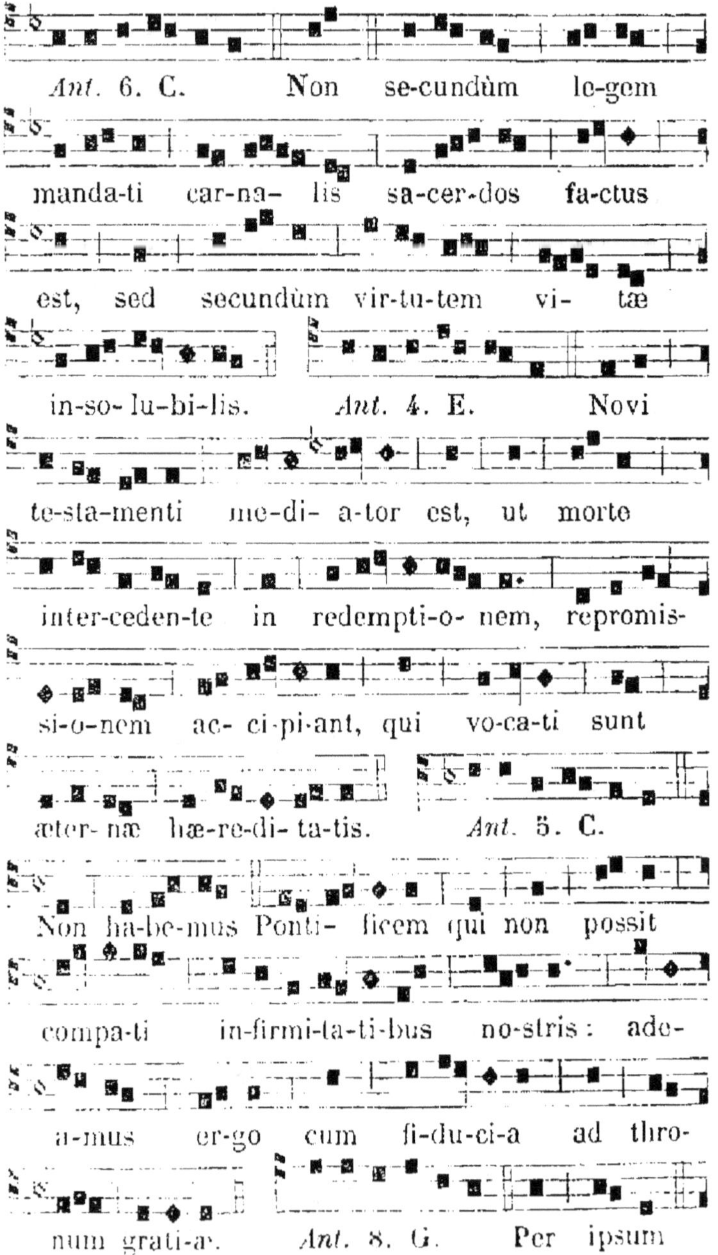

Ant. 6. C. Non se-cundùm le-gem
manda-ti car-na- lis sa-cer-dos fa-ctus
est, sed secundùm vir-tu-tem vi- tæ
in-so-lu-bi-lis. Ant. 4. E. Novi
te-sta-menti me-di- a-tor est, ut morte
inter-ceden-te in redempti-o- nem, repromis-
si-o-nem ac- ci-pi-ant, qui vo-ca-ti sunt
æter- næ hæ-re-di- ta-tis. Ant. 5. C.
Non ha-be-mus Ponti- ficem qui non possit
compa-ti in-firmi-ta-ti-bus no-stris: ade-
a-mus er-go cum fi-du-ci-a ad thronum grati-æ. Ant. 8. G. Per ipsum

CAPITULE. *Hebr.* 7.

Talis decébat ut nobis esset Póntifex, sanctus, ínno-
cens, impollútus, segregátus à peccatóribus, et excél-
sior cœlis factus.

HYMNE.

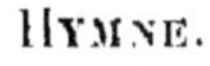

HYMNE.
Du 6. C.

VITAM cruentus qui se-
   mel óbtulit,
Se non cruentum júgiter
   immolat :
Mactátus aris, et renascens,
Perpetuò moriendo vivit.
   AD grande munus nos
   Deus érigit,
Quos intus ungit sacríficos
   sibi ;
	Pondus cadúci sustinémus
	Angelicis humeris tremen-
	   dum.
	   O QUAM stupendæ quas
	   agimus vices !
	Quem prona cœli cúria sús-
	   picit,
	Sacras ad aras imperantes
	Nos docilis Deus ipse sen-
	   tit.

CHRISTUM, Sacerdos, cœlitus évocas :
Per te creátur, qui creat omnia ;
Immótus orbem qui gubernat,
Se tibi dat facilem movéri.
  Nox impotenti, críminis árbiter,
Verbo resolvis férrea víncula :
Quas fers magistrâ voce, Numen
Ecce sibi putat esse leges.
  LAUS summa Patri, súmmaque Fílio,
Qui se Parenti cónsecrat hóstiam :
Sacro ministri quo dicantur
Chrísmate, laus tibi, Flamen almum. Amen.

℣. Benedícite, Sacerdótes Dómini, Dómino ;
℟. Laudáte et superexaltáte eum in sécula.

A Magnificat.

Oraison. Deus, qui ad majestátis tuæ glóriam, p. II.

A COMPLIES.

A la fin de l'Hymne, Doxologie :

SUPREME Christe Pónti-
  fex,
Jugis tibi sit gloria,

Cum Patre et almo Spiritu,
In sempiterna sécula.
  Amen.

PROSE DE SAINT CHARLES.

lus ;. Il-le tot monstris ma-ló-rum Af-
fe-ret re-mé-di-a. 5. Spí-ri-tu De-i vo-
can-te, sum-mus il-lum Pón-ti-fex Jus-sit
in-ter pur-pu-rá-tos Con-se-dé-re Præ-su-les.
6. Sín-gu-lis hoc se ma-gi-strum Præ-bet in
fa-stí-gi-o : Dis-ce quâ pro-sis, Sa-cer-
dos; Dis-ce, plebs, quod éx-pri-mas. 7. Cáro-
lo cu-ran-te, Pa-tres Sa-cra dant o-rá-cu-
la; Im-pi-us fu-gá-tur er-ror, Et tri-
umphat vé-ri-tas. 8. Quæ tot a-tris vi-cta
mor-bis, Tám-di-u con-tá-bu-it, Ec-ce nunc

re- fe- cta læ- tum Tol- lit os Ec- clé- si - a.
9. Nam vi-det si - bi de - có-rem San- cti - tá-tis
réd-di-tum , Et pi - is fo-vet re - cep- tos
Fí-li - os am - plé - xi - bus. 10. Quot, De- us tre-
men-de , mor-bos, Quot ma - li con- tá- gi - a ;
Quot ne-ces tu - i fu - ró - ris stil-lat ef-fú-
sus ca - lix! 11. Or-ba, cí-vi-bus pe- rem-ptis,
Heu! ja-cé-ret ci-vi-tas; Ad- fo- ret ni- si sa-
lú-tis Cer- ta spes in Cá-ro- lo. 12. Mór-tu-
os hic at-que vivos Flens stat in- ter fí-
li - os : O- rat : e- xtinctum re-pente Ex-ci-

dit fulmen De-o. 13. Præsci - us mor-tis, Va-
ral-li In se-ces-sum cón-fu-git; Hic que
férvi-dis su-prémum ádvo-cat vo-tis di-em.
14. O qui-bus suc-censa flammis cá-ri- tas ex-
cándu - it, Cùm si-bi De - i vi-dé-ret Di-vi-
Lentement
tem pandi si-num! 15. Christe, qui ne-ctis pe-
rennem Nunc co-ró-nam Cá-ro - lo, Fac
se-quá-mur nos Mi-nis-tri, Quò præ-í-vit
Pón-ti-fex. 16. San-cti-tá-tis fac o - dórem
Nos u - bi-que fún-de-re; Et Sa- cerdó-

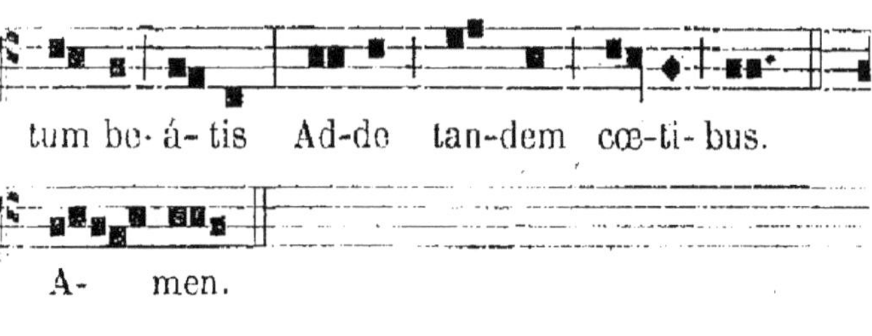

PROSE DE LA DÉDICACE.

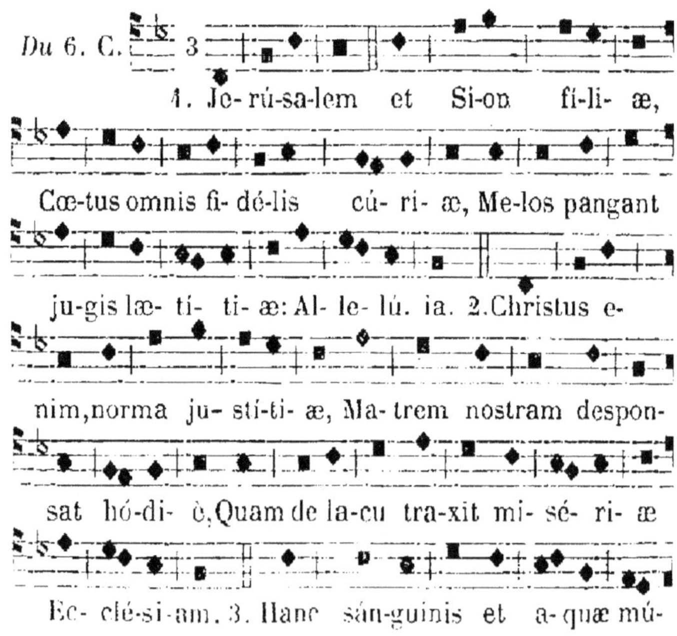

ne- re, Dùm pen-dé-ret in cru- cis árbo- re, De
própri- o pro-duxit lá- te-re De-us Ho-mo. 4. For-
maré-tur ut sic Ec- clé-si- a, Fi-gu-rá-tur in
pri-mâ fé-mi-nâ, Quæ de cos-tis A-dæ est é-
di- ta, mater E- va. 5. E- va fu- it no- ver-
ca pós- te-ris; Hæc est ma- ter e- lec-ti gé-
ne-ris, Vi-tæ por-tus, a- sý- lum mí- se- ris,
Et tu- té - la. 6. Hæc est cymba quâ tu-ti
vé - himur, Hoc oví - le quo te - cti
cón-dimur, Hæc co- lumna quâ firmi ní-ti-
mur Ve- ri- tá - tis. 7. O so-lem-nis fes-tum

læ- tí-ti- æ, Quo · u-ní-tur Christus Ec- clé-si-

æ, In quo nos træ su- lú- tis núpti- æ Ce-

le- bran- tur. 8. Jus-tis in- dè sol- vun-tur præ-

mi- a; Lapsis autem do-ná- tur vé-ni- a; Et

sanctó- rum au- gentur gaú-di- a Ange- ló-

rum. 9. Ab æ-ter- no fons sa-pi- én- ti- æ, In-

tú- i- tu so- li- us grá- ti- æ, sic præ- ví-dit in

re-rum sé- ri- e Hæc fu- tú - ra

40.Christus jungens nos su- is núpti- is, Re-cre-

a- tos ve- ris de- li- ci- is, In- te- res-se fá-

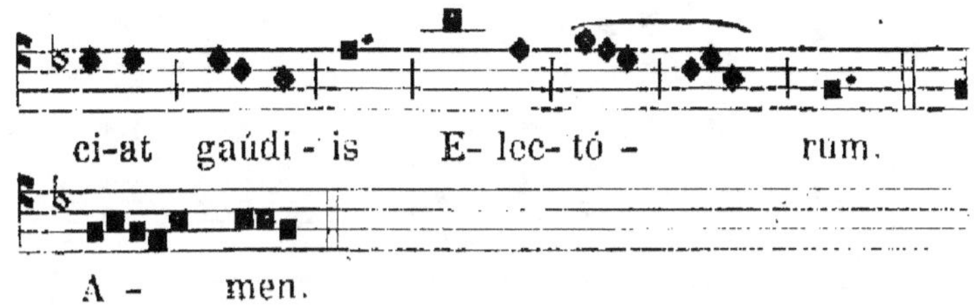

POUR

LA FÊTE DE LA PRÉSENTATION

DE LA SAINTE VIERGE.

o, Quám est Deo grá- ti- us! 4. Vír-gi - nis
in cór-po - re, In a - man-tis pécto - re
De-us manet vé - ri - ùs: 5. Nunc an - cil-la
di-ci - tur, Nunc tre-mens ob - sé-qui - tur Da-
ta mini - sté-ri - o. 6. De-i ma-ter sùb-di-
ti, Domum dabit hó-spi- ti, Impe - rábit
Fí-li- o. 7. Pleno quæ nunc á - ni - mo Te
vo- ves Al - tis-si - mo, Et nos, Virgo, dé-vo-
ve. 8. Crebro ca- su saù-ci - os, Tot cul - pá-
rum cónsci- os, Tutrix potens ré-fo - ve.
Lentement.
9. Sacris turba fó-ri-bus Vivis pulsat pré-cibus

A COMPLIES.

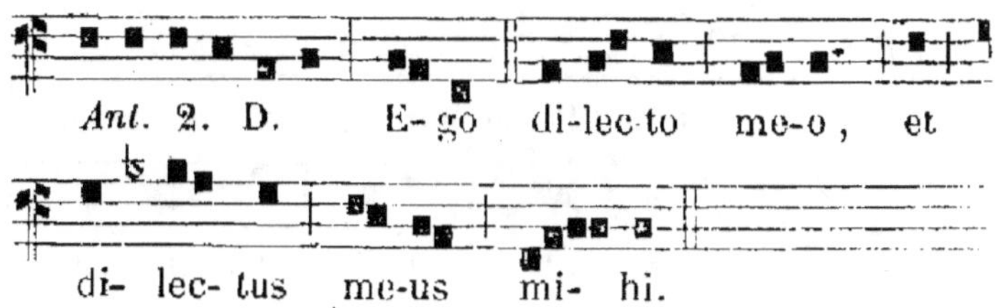

Hymne , Virgo , Dei Genitrix.

PROSE DE SAINT JOSEPH.

Plausus da-te, cón-ju-ges: Li-li-a vos
et af-ferte, Sponsæ Christi, vír-gi-nes.
5. Te si-ne for-máta foves Membra, pi-ò
sédu-lus; Infan-tique De-o præbes Pábu-
la sol-li-ci-tus. 6. Ab He-ró-de Deus
infans Occi-dendus quæ-ri-tur: Dolis   à
te Mater amans, Et Pu-er e-rí-pi-tur.
7. Ne for-mídes, fu-gi-endo, Tela tot mi-
nánti-a; Di-ri-git gres-sus, si-len-do.
De-i Sa-pi-én-ti-a. 8. Quæ-ri-tas cum.
Ma-tre do-lens Amis-sum in So-ly-mis.

Ecce jam in tem-plo docens Implet jus-sa
Númi- nis. 9. Stupent loquentem, et cessant
Paren- tum su- spí-ri - a; Réd-di- to na-
to, suc- cé-dant Fléti- bus so - lá-ti- a.
10. Hóspi- te rur-súm fru - éris; Quæ te manet
gráti - a! Mox se - cú- re Mo-ri - éris
Lentement.
Hujus inter bráchi- a. 11. Tecum, Christe,
con-versári, Vita quæ be-á-ti-or! In ampléxu
tu-o mori, Mors quæ preti-ó - si-or! 12. Præter
te nil ambientes Nos ô Je-su ré-pice; Viventes
et mo-rientes Tui simus ú-nice. A - men

CHANT DU *CREDO*

POUR LES FÊTES SOLENNELLES.

Pa-tri, per quem om-ni-a fa-cta sunt.
Qui propter nos homines et propter nostram
sa-lutem de-scen-dit de cœ-lis. Et incar-
natus est de Spiri-tu sancto ex Ma-ri-a
Virgi-ne ET HO-MO FACTUS EST. Cruci-
fi-xus e-tiam pro nobis sub Pontio
Pi-la-to, passus et se-pultus est. Et resur-
re-xit ter-ti-â di-e se-cundùm Scri-
ptu-ras. Et a-scendit in cœlum, se-det
ad de-xte-ram Pa-tris. Et i-te-rum ven-
turus est cum glo-ri-a judi-care vi-vos

et mor-tu-os; cu-jus re-gni non e-rit
fi - nis. Et in Spi-ri-tum Sanctum Domi-
num et vi- vi-fi-cantem, qui ex Pa-tre
Fi-li-oque pro-cedit. Qui cum Pa-tre et
Fi-li- o si-mul a-do-ra-tur et con-glo-ri-fi-
ca-tur; qui lo-cutus est per Prophe - tas.
Et u-nam, sanctam, Catho-li-cam et A-po-
stolicam Ecclesiam. Confi-teor u-num bapti-
sma in re-missi-o nem pecca-to- rum. Et
e-xpe- cto re-sur-recti-o-nem mor-tu-o-rum,
Et vi-tam venturi sæcu-li. A-
men.

SALVE REGINA.

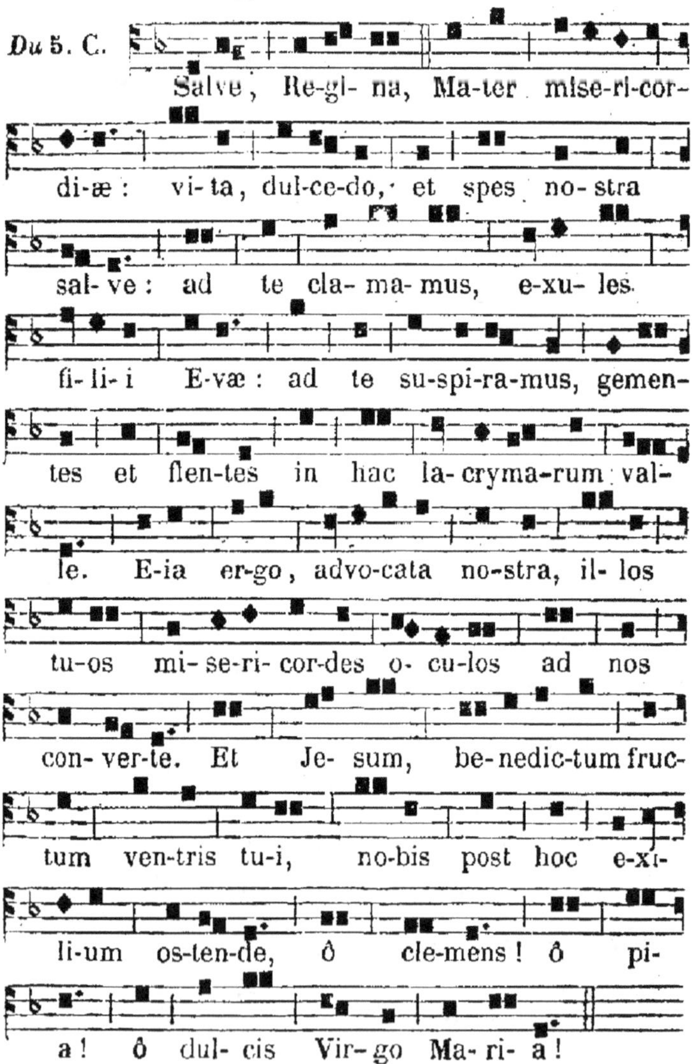

ERRATA.

Page 1 , tuæ in loco,   *lisez* : tuæ, in loco.

— 16, [notation]   — [notation]

— 18 , *ligne* 11, (20)   — (21).

— 35, — 17, si, ♮ ut, — si ♮, ut.

— 42, — 21, en *ut*, — en *ut*, C.

— 51, — 14, (22)   — (21).

— 52, — 6, d'exprime, *lisez* : d'exprimer.

— 53 , au n.º 79, les syllabes *mi* de *Dominus*, *e* de *arietes* , *nt* de *hominibus* et *di* de *misericordia*, devraient être surmontées de ce signe...

Page 57, Aux n.ºs 82, 83, 84, 85, 86, 88, 90, 92 et 95, des notes ayant la forme de *brèves* , se trouvent superposées à plusieurs syllabes réunies, dont les unes sont *breves* et les autres *longues* ; ces notes deviennent *longues* lorsqu'on les chante sur les *syllabes longues* (75).

Page 58 , *ligne* 1, 6. C., *lisez* : 6. C.

— 62, — 1, 6. C., — 6. C.

— 9, — 9, Il se, — (91) Il se.

P. 67, *l.* 1, maisons, nivant, *lisez* : maison, suivant

P. 70, *l.* 28, Au 6. C et e, *lisez* : Au 6. C et C.

P. II, *l.* 14, condolér.,   *lisez:* condoléré.

— *l.* 15, cire,   —   cir-.

Page X, *ligne* 10,    *lisez:*

.... ta- ti-bus   .... ta- ti-bus

Page XIX, *lig.* 6, 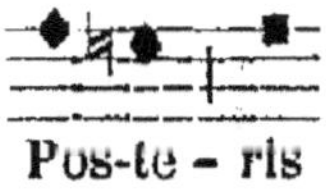   *lisez:*

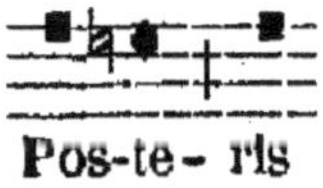

Pos-te - ris   Pos-te- ris

P. XXIX, *lig.* 2,    *lisez:*

Spi- ri-tum   Spi- ri-tum

FIN.